活了很久的智慧

东取《道德经》
西问《沉思录》

［古罗马］玛克斯·奥勒留 著
梁实秋 译
［春秋］老子 著

江苏凤凰文艺出版社
JIANGSU PHOENIX LITERATURE AND
ART PUBLISHING, LTD

图书在版编目（CIP）数据

活了很久的智慧：东取《道德经》西问《沉思录》/（古罗马）玛克斯·奥勒留，（春秋）老子著；梁实秋译．—南京：江苏凤凰文艺出版社，2019.9

ISBN 978-7-5594-3926-0

Ⅰ.①活… Ⅱ.①玛… ②老… ③梁… Ⅲ.①斯多葛派—哲学理论—通俗读物②道家③《道德经》—通俗读物 Ⅳ.①B502.43-49②B223.1-49

中国版本图书馆CIP数据核字(2019)第148978号

书　名	活了很久的智慧：东取《道德经》西问《沉思录》
著　者	［古罗马］玛克斯·奥勒留　［春秋］老子
译　者	梁实秋
责任编辑	孙金荣
策划编辑	勾　勾
特约编辑	杨　帅
责任校对	邓　峰
出版统筹	孙小野
封面设计	金牍文化·车球
出版发行	江苏凤凰文艺出版社
出版社地址	南京市中央路165号，邮编：210009
出版社网址	http://www.jswenyi.com
印　刷	三河市金元印装有限公司
开　本	880毫米×1230毫米　1/32
印　张	9.25
字　数	188千字
版　次	2019年9月第1版　2019年9月第1次印刷
标准书号	ISBN 978-7-5594-3926-0
定　价	42.00元

（江苏凤凰文艺版图书凡印刷、装订错误可随时向承印厂调换）

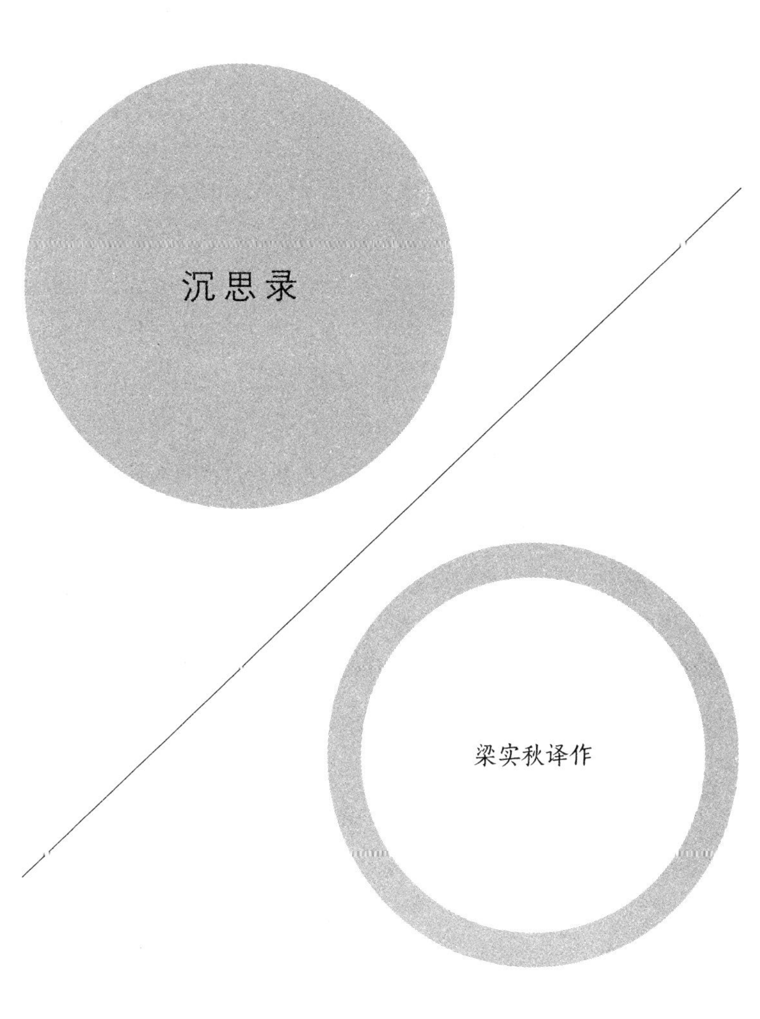
沉思录
梁实秋译作

译序

梁实秋

自古以来，有操守有修养的哲学家历代都不乏其人，位居至尊、叱咤风云的皇帝也是史不绝书的，但是以一世英主而身兼苦修哲学家者则除了玛克斯·奥勒留外恐怕没有第二人。这位一千八百年前的旷代奇人于无意中给我们留下了这一部《沉思录》，我们借此可以想见其为人，窥察其内心，从而对于为人处世律己待人之道有所领悟，这部书不能不说是人间至宝之一。与这部书同一类型差可比拟的应推十五世纪德国僧侣学者托马斯·坎佩斯（Thomas Kempis）所著之《效法基督》，但是以文笔之亲切动人和对人影响之深巨而论，后者与前者仍不能同日而语。我们中国的民族性，以笃行实践的孔门哲学为其根基，益以佛学的图通深邃和理学的玄妙超绝，可以说是把宗教与伦理融于一炉。这样的民族性应该使我们容易接受这一部斯多亚派哲学最后一部杰作的启示。译者对于此书夙有偏好，常常觉得这一位古罗马的哲人，虽然和我们隔有十八个世纪之久，但开卷辄觉其音容宛在栩栩如生，Renan 于一八八一年所说：“我们人人心中为玛克斯·奥勒留之死而悲戚，好像他是昨天才死一般。(Tous, tant que nous sommes, nous portons au coeur le deuil de Marc-Aurèle comme s'il était mort d'hier.)”确是大家共有的感想。一九五八年受林挺生先生嘱，移译此书，耗时逾年始克竣事，平生翻译以此书最为吃力，亦以此书为受益最多。今将付梓，爰将作者生平及有关资料略为叙述，以为读者之参考。

一、玛克斯的生平

玛克斯·奥勒留·安东耐诺斯（Marcus Aurelius Antoninus）于西历纪元一百二十一年四月（二十六日，或六日，或廿一日）生于罗马。他的本来的姓名是 Marcus Aurelius Verus，出自贵族家庭，据说是罗马第二任国王 Numa Pompilius(715 B.C.—672 B.C.)之后裔。他的父亲 Annius Verus 是罗马的显宦，祖父（亦名 Annius Verus）曾三度任执政官。玛克斯不幸父母早故，由祖父抚养长大。幼时颖悟过人，深得当时皇帝 Hadrian（76 A.D.—138 A.D.）之赏识，曾不呼之为 Verus 而昵称之为 Verissimus（most truthful）。六岁时获骑士衔，八岁时为古罗马战神祭司。姑母 Annia Galeria Faustina 嫁给皇帝 Hadrian 的义子 Titus Antoninus Pius，这一位姑父后即于一三八年继位为帝。姑父 Antoninus 无子，便以玛克斯为义子，使改姓名为 Marcus Aurelius Antoninus。这是他改名换姓之由来。

玛克斯十五岁时与姑父另一义子Commodus之姊Fabia订婚，至是解除婚约，与姑父母之女Faustina订婚。玛克斯所受的教育不是学校教育，而是分别由私聘教师指导授业。他主要的训练是斯多亚派哲学，所以他自幼即学习着过一种简单朴素的生活，习惯于吃苦耐劳，锻练筋骨。他体质夙弱，但勇气过人，狩猎时擒杀野猪无惧色。对于骄奢逸荡之事则避之唯恐若浼。当时罗马最时髦之娱乐为赛车竞技，每逢竞技，朝野哄动，趋之若狂，甚至观众激动，各依好恶演成门户(Factione)，因仇恨而厮杀打斗，对于此种放肆过分之行迳玛克斯不以为然，他轻易不现身于竞技场内，有时为环境所迫不能免俗，他往往故意借端于竞技不加正视，因此而备受讥评。

一四〇年，十九岁，擢升为执政官；一四五年，二十四岁，结婚；两年后，生一女。护民官之职位，及其他国家荣誉，相继而来。一六一年，四十岁，Antonious Pius卒，玛克斯即帝位。他的第一件措施就是邀他姑父另一义子L.Ceionius Commodus（后改名为Lucius Aurelius Verus）与他共理国事，虽然这一举措是很受元老院反对的。玛克斯的用意是训练他为将来继承大位的准备。

玛克斯即位后就遭遇到战端四起的威胁。首先是一六二年战云起自东方。Parthia的Vologesses倡乱，击溃了一整个罗马军团，侵入了叙利亚。Lucius Verus奉命率军征讨，乱虽平而Verus酗酒荒淫大失风度。在北方的边境亦复不靖，Marcomanni或Marchmen，以及Quadi，Sarmatians，Catti，Jazyges诸族皆叛。在罗马本境，由于Verus所部自东方带来疾病及洪水泛滥，疫疠饥馑蔓延不休，民穷财尽，局势日非。玛克斯被迫出售私人所藏珠宝，筹款赈灾。此种困窘情形，在玛克斯在位之日，一直继续存在。内忧外患，交相煎迫。Verus卒于一六九年。玛克斯率军亲征，北部诸族均被制服，其统军有方固足称道，而知人善任亦是他迭奏肤功的一大原由。其间战果辉煌，最能彪炳史册的是一七四年与Quadi族作战时几濒于危，赖雷雨大作使敌人惊散转败为胜之一役，史称其军队为“Thundering Legion”，云。玛克斯率军深入日耳曼时，东方又起变化，东部诸省总督Avidius Cassius自恃战功，阴萌异志，一七五年误信玛克斯病死之讯，遂自立为帝。玛克斯甚为痛心，不欲引起内战，表示深愿让位以谢，和平解决。玛克斯尚在人间之消息传到东方，局势突变，叛军将领纷纷倒戈，不出三月Cassius竟被部下刺死。玛克斯亲至东方，叛军献Cassius之头，玛克斯怒，不予接受，并拒见其使者。玛克斯说：“我很遗憾，竟不得饶恕他的机会。”并赦免其遗族不究。宽宏大量，有如是者。行军途中，妻死。一七六年，凯旋还都。未几又赴日耳曼作战，虽然所向皆克，体力已不能支，一八〇年三月十七日逝于多瑙河边之Pannonia省，享年五十九岁。

作为一个军人，玛克斯是干练的，武功赫赫，可为佐证。作为一个政治家，玛克斯是实际的，他虽然醉心于哲学，并不怀有任何改造世界的雄图，他承袭先人余烈，尽力守成，防止腐化。他也做过蠢事，例如提携Verus共理国事便是一个行不通的办法。他在统治期间权力稍嫌过于集中，其长处是为政力求持平，他用法律保护弱者，改善奴隶生活，蔼然仁者之所用心。在他任内，普建慈善机关，救护灾苦民众深得人民爱戴。论者尝以压迫基督教徒一事短之。迫害耶教之事，确曾数见不鲜，而且显然不是未得玛克斯之默许，如 Justin 之在罗马，Polycarp 之在 Smyrna 以及各省之若干笃信耶教者，皆壮烈殉教。近人尝喜多方为之开脱，不是说玛克斯误信谗言，便是说玛克斯中心思想实与耶教异曲同工，其实这都是不必要的。在他那时代，他的地位，他压迫异教是正常的态度，不是罪恶，思之似不必更下转语。

二、玛克斯的哲学思想

玛克斯的《沉思录》是古罗马斯多亚派哲学最后一部重要典籍。于此我们有对斯多亚派哲学（Stoicism）的纲要及玛克斯的思想略加阐述之必要。

斯多亚派哲学的始祖是希腊的季诺（Zeno），他的生卒年月不明，大概是纪元前三百五十年至二百五十年之际。他生于塞普洛斯岛，这岛位于东西交通线上，也可说是一个东西文化的接触点。东方的热情，西方的理智，无形中汇集于他一身。他受业于犬儒学派的 Crates of Thebes，又复潜心于其他学派的研究。旋于亚典市场的书廊（Stoa）上设帐教学，故称为斯多亚派哲学之鼻祖。此派哲学之集大成者为 Chrysippus（280 B.C.—207 B.C.）。

斯多亚派哲学特别适合于罗马人的性格。罗马人是特别注重实践的，而且性格坚强，崇尚理性。Seneca、Epictetus与玛克斯是此派哲学最杰出的三个人。玛克斯受Epicteus的影响甚大，从这部《沉思录》可以看出来。斯多亚派哲学可以分为三个部门：物理学、论理学、伦理学。这一派物理学的内容，简言之，即是唯物主义加上泛神论。与柏拉图之以理性概念为唯一的真实存在的看法正相反，斯多亚派哲学家认为只有物质的事物才是真实的存在，但是在物质的宇宙之中遍存着一股精神力量，此力量以不同的形式而出现，如火，如气，如精神，如灵魂，如理性，如主宰一切的原理，皆是。宇宙是神，人民所崇奉的神只是神的显示，神话传说全是寓言。人的灵魂也是从神那里放射出来的，而且早晚还要回到那里去。主宰一切的神圣原则即是使一切事物为了全体的利益而合作。人的至善的理想即是有意识地为了共同利益而与天神合作，讲到这一派的理则学，又含有两部门，一是辩证法，一是修辞学，二者都是一切思考的工具。玛克斯对于这二者都不感兴趣，犹之对于物理学部门中之气象学不感兴趣一般，他感兴趣的是伦理学方面。据斯多亚派哲学，人生最高理想即是按照宇宙自然之道去生活。所谓“自然”，不是任性放肆之意，而是上面所说的“宇宙自然”。人生中除了美德便无所谓善，除了罪恶之外便无所谓恶。所谓美德，主要有四：一是智慧，所以辨识善恶；二是公道，以便应付悉合分际；三是勇敢，借以终止苦痛；四是节制，不为物欲所役。外界之事物，如健康与疾病，财富与贫穷，快乐与苦痛，全是些无关轻重之事，全是些供人发挥美德的场合。凡事有属于吾人能力控制范围之内者，有属于吾人不能加以控制者，例如爱憎之类即属于前者，富贵尊荣即属于后者，总之在可能范围之内须要克制自己。人是宇宙的一部分，所以对宇宙整体负有义务，应随时不忘自己的本分，致力于整体的利益。有时自杀也是正当的，如果生存下去无法尽到做人的责任。

玛克斯并不曾努力建立哲学体系，所以在《沉思录》里我们也不必寻求一套完整的哲学。他不是在作哲学的探讨，他是在反省，他是在表现一种道德的热诚。他的这部著作不是准备藏诸名山传之后人的，甚至根本没有预备供人阅览。不过这部书的第一卷，却很像有意后加上去的。

斯多亚派哲学最近于宗教。罗马的宗教是简陋的、世俗的，人民有所祈求则陈设牺牲匍匐祷祝，神喜则降福，神怒者祸殃。真正的宗教信仰与热情，应求之于哲学。玛克斯于书中对于生死大事反复叮咛，与佛家所谓“死生事大，命在须臾”之说若合符节。不过玛克斯不信轮回不信往生，不但与佛说殊，抑且与基督教迥异其趣。

三、关于沉思录的版本

这部作品当初如何流传下来的，已不可考。从引证看，可以确知其作者为罗马皇帝玛克斯·奥勒留。稿本可能是他的女婿 Pompeianus 或他的好友 Victorinus 所保藏起来的。在历史上可考的最先述及此书的记录见于三五〇年哲学家 Themistius 的讲演录。此后五百五十年间此书默默无闻，直到九〇〇年左右一位署名Suidas编的字典从《沉思录》取用了约三十条引录，这才证实原稿尚在人间。同时一位小亚细亚Callpadocia地方的主教Arethas提到此书，并且以其抄本送给他的大主教。此后二百五十年又趋沉寂，后君士坦丁的一位父法学者Tzetzes曾加引录。再过一百五十年（一三〇〇年）教会史家Nicephorus Callistus提到玛克斯“曾给他的儿子留下一部书，充满了世故智慧”（参看本书卷三第十四节）。同时君士坦丁一僧人编历代作家选集，内含四十四段引录《沉思录》的文字。现在的主要抄本，一是宫廷本（Codex Palatianus），于一五五八年由Xylandor刊印，抄本已佚；一是教廷本（Codex Vaticanus，1950），这都是完整的，后者仅缺四十二行。此外尚有数种残缺抄本，没有多大用处。

译本甚多，曾译成拉丁文、英文、法文、意大利文、德文、西班牙文、挪威文、俄文、捷克文、波兰文、波斯文等。在英国一处，十七世纪时刊行了二十六种版本，十八世纪时五十八种，十九世纪时八十二种，二十世纪截至一九〇八年已有三十种。（参看一九〇八年J. W. Legg：*A Bibliography of Marcus Aurelius*。）英文译本主要的如下：

（一）Meric Casaubon译本，刊于一六三四年。Fveryman's Library即系用此译本。这是最初的译本，文笔繁复，近于意译。一九〇〇年W.H.Q.Rouse重编本，附加玛克斯与Fronto信函若干通。

（二）Jeremy Collier译本，刊于一七〇一年。近Camelot

Series采用此译本。文笔嫌过于俗鄙，一般批评均贬多于褒，惟Matthew Arnold为文介绍玛克斯时对此译本颇加誉扬，以为其文笔活泼有力。

（三）James Moor and Thomas Hutcheson合译本，刊于一七四二年。近于直译，信而不雅。一九〇二年，G. W. Chrystal刊有修订本，颇佳。

（四）Richard Graves译本，刊于一七九二年，无特长。

（五）George Long译本，刊于一八六二年，常被誉为“标准译本”，流通最广，在四十年间独步一时。文笔近于拙朴，是译者故意模仿玛克斯原文作风所致。

（六）Hastinss Crossley译本，刊于一八八二年，仅刊第四卷，余稿未刊行。

（七）G. H. Rendall译本，刊于一八九八年。许多批评家认为是最佳译本，信雅兼备。

（八）John Jackson译本，刊于一九〇六年，牛津大学出版。译笔极佳，惜有大胆窜改处。

（九）C. R. Haines译本，刊于一九一六年，有希腊原文对照，收入Loeb Classical Library。

以上九种译本，译者手边仅有四种，即（一）、（五）、（八）、（九）共四种。经参阅后，决定选用Haines的对照本为根据，因为这一译本是比较最忠于原文，最能保持原文的面貌。可能Long和Jackson译笔较为流畅，但是翻译古典作品还是应以忠实为第一义。Haines

自己说："我情愿犯错，如果算是错，错在过于忠实方面。因为此书之面貌大部分是由于其文笔所造成。"玛克斯的文笔确实是相当朴拙。书中前后重复之处甚多，句法有时奇简，意义有时不甚清晰。此中文译本亦曾妄想努力保持原作风格，但由英文转译，与"含饭哺人"犹有一间，能存几许原作风味，殊不可知，译成重校，不禁汗颜。幸原书价值具在，过去曾感动无数读者，如 Frederick the Great，Maximilian of Bavaria，Cap. John Smith，General Gordon 均曾受其影响甚巨。此中文译本如能引起读者兴趣，成为人格修养之借镜，则是我所企望的。[1]

[1] 本书《沉思录》部分中的所有译文、注释及解读均为梁实秋先生所作，为保留原作风貌，文中的人名及地名依然使用了原译法，并未按现在通译法修改。——编者注

卷一

一、从我的祖父维勒斯（Verus）我学习了和蔼待人之道，以及如何控制自己的情感。

二、从别人对我父亲的称赞和我自己对他的回忆中[①]，我学习了谦逊和勇敢。

三、从我的母亲我学习了敬畏上帝，慷慨；不仅是不肯为恶，甚至不起为恶的念头；并且进一步，过朴实的生活，摒绝一切富贵之家的恶习。

四、是我的曾祖送我进了公立学校，给我延请优秀的家

梁实秋批注

玛克斯·奥勒留的这部著作不是准备藏诸名山传之后人的，甚至根本没有预备供人阅览。试想，一千八百多年前的罗马帝国的皇帝，以皇帝之尊而成为苦修的哲学家，并且给我们留下这样的一部书真是奇事。《沉思录》可说是对世界有重大影响的少数几部书之一，可称得是爱默生所谓的“世界的书”。不过这部书的第一卷，却很像是有意后加上去的。

庭教师，并且指示我在求学方面不惜斥用巨资。

五、我的教师[②]训导我：不要在竞车场中参加拥护蓝背心一派或绿背心一派，也不要在比武场中参加拥护那轻盾武士或重盾武士；不要避免劳苦，要减少欲望，凡事要自己动手做，少管别人的闲事，不可听信流言。

六、戴奥格奈特斯（Diognetus）[③]训导我：不要关心琐细的事情；不要听信奇迹贩子与巫师们所说的有关驱鬼符咒的话，以及类似的怪话；不要养鹌鹑，不要对类似的游戏发生兴趣；听了别人的直言不要愠怒，要勤修哲学，先研读Baccheius再诵习Tandasis与Marchinus；从幼时即练习写对话；并且喜欢小木床、羊皮以及其他一切与希腊苦攻哲学有关的事物。

梁实秋批注

戴奥格奈特斯所说的奇迹贩子与巫师们，显然是指基督教徒而言，因为当时的基督教徒们常自诩能驱魔鬼。

七、由于拉斯蒂克斯（Rusticus），我才注意到我的品格有改进与锻炼的必要；不要误入诡辩的邪途；不要写空疏的文字，不要作老生常谈，不要装作为一个健者或无私的人；要避免修辞、诗歌与绮丽的文辞；不要穿着长袍在屋里踱来踱去，以及类似的荒谬举动；写信不要装腔作势，要写得像他自己从Sinuessa写给我的母亲的那封信的样子；对于那些容易发脾气冒犯人的人们，要随时准备和平相处，并且如果他们有意悔过知返，要半路迎上去；读书要细心，不可粗枝大叶不求甚解；对于每一个鼓舌如簧的人，不可太快地表示同意；最后，由于他，我才得读到埃皮克提图的《回忆录》（*Memories of Epictetus*），这本书是他从私人庋藏中拿出来借给我的。

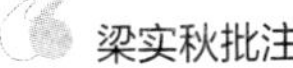

梁实秋批注

玛克斯·奥勒留接受的主要训练是斯多亚派哲学，所以他自幼即学习着过一种简单朴素的生活，习惯于吃苦耐劳，锻炼筋骨。他体质夙弱，但勇气过人，狩猎时擒杀野猪无惧色。对于骄奢逸荡之事则避之惟恐若浼。当时罗马最时髦之娱乐为赛车竞技，有时为环境所迫不能免俗，他往往故意借端对于竞技不加正视，因此而备受讥评。

八、从阿波娄尼阿斯（Apollonius）我学习了自恃自立的精神和坚定不移的决心，任何事都不听从运气；除了理性之外，绝不仰仗任何东西；在急剧的苦痛中，纵然是一个孩子的夭殇[④]，或是疾病缠身，也永不改变常态；我看出他本身就是一个活的榜样，一个人可以是很威严猛厉，同时也是很柔和，诲人从不知倦；我还看出，他有实际经验，讲起道来从容不迫，但他从不认为这是他的特长；我还学得了如何接受朋友们的恩惠，既不可因此而丧失自尊，亦不可漠然地视为事之当然。

九、从塞克斯特斯（Sextus）[5]我体会到一个和善的性格，一个家长控制下的家庭；合于自然之道的人生观；严肃而不虚矫；随时小心照顾到朋友们的利益；对于没有知识的人和不讲理的人能够容忍。他善于适应，和他在一起比听受阿谀还令人愉快，同时与他交往接触的人无不对他极度钦仰；对于人生的基本原则之如何发掘、如何安排，他有把握，他有办法。他从不表现出愠怒或其他的情绪，而是完全超出情绪的影响之外，永远是和蔼可亲；对人赞美而不誉扬过分，饱学而不炫弄。

十、从文法家亚历山大（Alexander）[6]我学习了避免挑剔别人的错；别人谈吐中用了粗鄙的字眼，或不合文法，或发音错误，都不要公然指责，要在回答的时候巧妙地正确地使用那个词句，或是作为同意他的意见而重复使用一次那个词句，或是作为共同研究那一件事而不是推敲某一个字，或是采用其他的委婉而不伤人的方法来提醒他。

十一、从佛朗图（Fronto）[7]，我注意到一个暴君所惯有的猜忌、狡诈与虚伪；并且一般讲来，我们所谓贵族阶级都缺乏慈爱的天性。

十二、从柏拉图主义者亚历山大（Alexander the Platonist）[8]，我学习到——在不必要时不可常对任何人说，或在信里说："我太忙了！"也不可以此为借口而逃避我们对人应尽的义务。

十三、从卡特勒斯（Catulus）[⑨]，我学习到——一个朋友若是对你有怨言，纵然是无理取闹，亦不可忽视，要使他回复平素的友谊；提起别人的师长，要怀有衷心的敬意，就像 Domitius[⑩] 当年提起 Athenodotus[⑪] 时那样；看见别人的孩子时，由衷地喜爱。

十四、从我的兄弟塞佛勒斯（Severus）[⑫]，我学习到对家庭的爱，对真理的爱，对公道的爱，并且（多亏了他！）得以结识 Thrasea、Helvidius、Cato、Dion、Brutus；我从他学习到所谓一个国家，即是根据个人平等与言论自由以制定一套法律，适用于所有的人；所谓君主，其最高理想乃是人民的自由。我从他还学习到对于哲学能坚定不移地加以尊重；随时帮助别人，热心施舍，保持乐观，信任朋友的善意，有人前来请益，他是绝对的坦白直言；他之所好所恶，他的朋友们无需猜测，他说得明明白白。

十五、从玛克西摩斯（Maximus），我学习到自制和立志坚定；在病中，以及在其他一切情况中，保持愉快的心境；要有一个严肃与和蔼妥为配合的性格；做点什么事情不要口出怨言。

他使得人人都相信他是心口如一，他是无论做什么事都非出自恶意。他遇事不慌，临事不惧，从容不迫，但亦不拖延，从不手足失措，从不沮丧，从不强做笑容，更从不发脾气或是猜疑。

他为善不倦，慈悲为怀，诚实无欺；他给人一个印象，他是一个根本不会旁出斜逸的人，也不是一个被强纳入正轨的人；在他面前没有人会觉得自己被他藐视，甚至会觉得自己比他还强；在适当范围内他和人谈笑风生。

十六、从我的父亲[13]，我学习到一团和气；主意打定之前仔细考虑，主意打定之后坚决不移，对于一般人所谓的尊荣并不妄求，但爱实事求是的工作；为了公共的利益，虚心听取别人的意见，毫不迟疑地给每个人应得的报酬；靠经验，他知道什么时候该坚持，什么时候该放松，他压抑了一切的青春的欲望。

他待人的精神也是可称道的——从不强邀他的朋友们陪他吃晚饭，也不强邀他们陪他出去旅行，凡因故不能陪他的人，在他归来之后都觉得他并未稍存芥蒂；在会议中他总是殚思竭虑，负责认真；他遇事追根到底，从不以肤浅的印象为满足；与朋友交，既不厌倦亦不狎昵；应付任何事变，均能镇定自持不改平常的风度；他对事有远见，最琐细处亦照顾周到而不故作夸耀。

梁实秋批注

玛克斯·奥勒留幼时颖悟过人，深得哈德良皇帝(Hadrian,76-138)之赏识，曾不呼之为Verus而昵称之为Verissimus(most truthful)。之后哈德良皇帝认安东尼·派厄斯为养子，作为皇储，条件是后者认玛克斯·奥勒留和L.维鲁斯为养子和继承人。此处奥勒留所指“父亲”即安东尼·派厄斯。

他在位时不准人对他公开赞扬或作任何阿谀；处理国事，忘寝废食；公事支出则力求撙节，因此而蒙受指责亦所甘愿。在宗教上他不迷信，对人他不沽名钓誉，更不媚世取容：是的，他对一切都是冷静而坚定，从无失态之处，亦不喜花样翻新。

命运之神赐给他的生活上的享受，他一概接受，既不得意洋洋，亦不觉受之有愧，有的享受的时候尽量享受，视为当然，没的享受的时候亦不觉得遗憾；没有人能訾评他犯有诡辩、戏谑或卖弄学问的毛病，他之为人是成熟的、完善的、不受阿谀的，能自治亦能治人。

此外，他对真正的哲学家有高度的敬爱，对冒牌的哲学家亦不加谴责，不过慎防被他们诱入歧途；他不拒人于千里之外，言谈自如而不令人生厌；他合理地注意身体健康，并不是过度地贪生，也不是过分地注重外表，不过是不肯过于忽略身体，所以他很少时候需要乞灵于医药。

对于有特殊才能的人，例如擅长雄辩、精通法律伦理等等的人才，他一律推许，毫不嫉妒，并且积极支持他们，使他们能获得其应得的荣誉；他忠于国家的传统体制，但不矫揉造作，令人感觉他是在遵守古法。

他不善变，更无举棋不定的毛病，而是专心致志，绝不旁骛；他于剧烈头痛发作之后，立刻照常工作，而且是格外勤奋努力；他事无不可对人言，很少有秘密，亦不常有秘密，偶然保持秘密也只是政治方面的秘密；他对于公共娱乐、公用建筑以及公款的分配，都处理得头头是道，做该做的事而并不顾到虚名。

他并不随时沐浴；他不喜欢大兴土木；对于他的饮食、他的服装的质料与颜色，以及他的奴仆是否面貌姣好，他都不大理会；

他的长袍是在他的海滨别墅Lorium做的，他的大部分供应是来自Lanuvium。我们知道，在Tusculum税吏向他道歉时他的态度是什么样子，他的日常行径大抵如是。

他既不鲁莽亦不骄横，做事从容不迫，永无汗流浃背的狼狈之状；每件事都是一人独处考虑，好整以暇、平心静气、有条不紊，勇敢而坚定。人们评价苏格拉底的话同样地可以适用于他，那便是：有许多事他可以享受亦可以禁绝，但一般普通人则只是贪求而不能禁绝。“享受而不逾度，禁绝而不以为苦”，正是完美的坚强的意志之表现，在玛克西摩斯病时他所表现的亦正是如此。

十七、感谢上天，给了我好的祖父们[14]，好的父母、好的姊姊、好的教师、好的伴侣、亲戚、朋友——几乎全都好，我从没有冒犯过他们任何人，虽然我的天性也很乖张，遇到机会也难免于这种过失，但是上天安排得好，我从未遭遇这种考验的机会。

由我的祖父[15]的妃子养育我的时间幸而不算太久，我长久地保持了我的青春的节操；在未到适当时间之前未曾试过女色，实际上是向后展延。

我幸而有严父督责，使我免于一切的虚骄，教导我住在宫廷里面可以屏除卫士、灿烂的服装、执火炬者、雕像及其他类似的铺张，一个国王也可以屈尊纡贵，降到几乎和普通平民平等的地步，在执行政务的时候，并不至于因此而有失尊严体统。

我又幸而有这样的一个弟弟[16]，他的品行足以提醒我随时检点自己，同时他对我的敬爱也使我甚为愉快，我的孩子们也都不愚笨，体格也没有缺陷。在修辞、诗歌及其他各科，我没有较大的成就，如果在这一方面获有长足进展，很可能我会沉溺其中；我很迅速地把我的教师们擢升到他们所希冀的高位，并不曾因为他们年事尚轻便加以推托，徒使他们空怀希望。我又幸而获识阿坡娄尼阿斯（Apollonius）[17]、拉斯蒂克斯（Rusticus）[18]、玛克西摩斯（Maximus）[19]。

合于自然之道的生活，其真义所在，我常能清晰的领悟；所以讲到神祇以及他们的福佑、暗助与意响，均不阻碍我立即实行合于自然之道的生活；我如今未能达到这个理想，是由于我自己的错误，也是由于没有听取神祇的提醒，不，几乎是告诫。

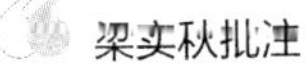

奥勒留经常和他们讨论斯多亚哲学。

我的躯体幸而能维持我的生存如是之久；我从没有接触过 Benedicta 或 Theodotus[20]，以后有过一次陷入情网，但是我又得到了解脱；我和罗斯蒂斯克常有龃龉，但是我从没有做下什么日后悔恨的事；我的母亲[21]，虽然死得早，她最后的几年是和我在一起的。

凡是有人发生经济困难，或需要其他的帮助，我总是不吝予以援手，从没有一次发觉手边没有钱；我自己也从来没有接受别人帮助的需要。我幸而有一个贤妻[22]，如此的柔顺，如此的亲爱，如此的朴素，我的孩子们也不缺乏良好的教师。

靠了梦中的指示[23]我治愈了吐血、头眩的毛病，就像解决了其他的疑难一般；在 Caieta 也有过这种灵验，“你须要如此做”。我要攻读哲学的时候，我没有落在一个诡辩者的手里，也没有只是坐在书桌旁边变成为一个分析三段论的人，也没有忙着研究自然界现象。上述的这一切，若没有神祇眷顾或命运亨通，是不可能办到的。

梁实秋批注

此段文字显有错落，意义难通。据 Haines 注，Caieta 是奥勒留之妻 Faustina 放荡行为之所在地。据 Casaubon 本注解则云：可能指荷马伊利阿德中之 Chryses 的海边祈祷，而奥勒留亦曾做同样的事。

作于阿奎肯（Aquincum），时正在与夸地族人争战中。㉔

注 释

① 其父死于一三六年之前。其祖父死于一三八年，近九十岁。

② 教师姓名脱落。可能即是下面第十节中之亚历山大（Alexander of Cotiaeum）。

③ 戴奥格奈特斯曾教过奥勒留图画。

④ M.Annius Verus 在一六九年夭折，年七岁；长子（T.Aelius Antoninus）在一四七年生后不久即殇。奥勒留处之泰然。

⑤ 系普鲁塔克之孙。

⑥ Alexander of Cotiaeum 享高年，一四五年在罗马，曾下榻宫中。

⑦ M.Cornetius Fronto 是修辞家辩护士，于一四三年任执政官 Consul，现存其致奥勒留及其他人信函若干通。

⑧ Alexander the Platonist 于一七四年奉奥勒留之召赴 Paunonia，任奥勒留的希腊文秘书之职。

⑨ 一位斯多亚派的苦修者。

⑩ Domitius 一族是奥勒留的养母系尊亲之一。

⑪ Athenodotus 是 Fronto 的教师。

⑫ Severus 是奥勒留的女婿之父。女婿是 Claudius Severus，女大概是 Fadilla。

⑬ 此处所指的“父亲”是 Pius，他的养父，不是第二节中所提到的生父。

⑭ 指 M.Annius Verus 及 P.Calvisius Tullus。

⑮ 奥勒留于父亡后即居住在祖父家里，这祖父大概即是 Hadrian。

⑯ 即 Lucius Aurelius Verus，是奥勒留的养弟，也是他的女婿。

⑰ Apollonius of Alexandria，大文法家，别号 Dyscolus 或“坏脾气的人”。

⑱ Q.Junius Rusticus，斯多亚派哲学家，曾两度奉奥勒留派为执政官。

⑲ Claudius Maximus，斯多亚派哲学家，牧师。

⑳ Benedicta 是 Hadrian 的妃子，Theodotus 是 Hadrian 的宠仆。

㉑ 奥勒留的母亲 Domita Lucilla 乃 P.Calvisius Tullus 之女，卒于一五六年，约五十岁。当时奥勒留刚三十五岁。

㉒ Faustina。

㉓ 神祇治病都是在梦中指示药方，古时此类信仰甚为普遍，基督教徒亦非不知。奥勒留本人死后亦曾托梦。

㉔ 这一行字表示卷一终，不是卷二始。

卷二

> **梁实秋批注**
>
> 二十年前（上世纪三十年代）偶然在一本《读者文摘》上看到这段补白："每日清晨对你自己说：我将要遇到好管闲事的人，忘恩负义的人，狂妄无礼的人，欺骗的人，嫉妒的人，孤傲的人。他们所以如此，乃是因为他们不能分辨善与恶。"这几句话很使我感动。这是引自玛克斯·奥勒留的《沉思录》。这一位一千八百多年前的罗马皇帝与哲人，至今存在于许多人心里，就是因为他这一部《沉思录》含有许多深刻的教训，虽不一定是字字珠玑，大部分却是可以发人深省。

一、每日清晨对你自己说：我将要遇到好管闲事的人，忘恩负义的人，狂妄无礼的人，欺骗的人，嫉妒的人，孤傲的人。他们所以如此，乃是因为他们不能分辨善与恶。但是我，只因我已了悟那美丽的"善"的性质，那丑陋的"恶"的性质，那和我很接近的行恶者本身的性质——他不仅与我在血统上同一来源，而且具有同样的理性与神圣的本质，所以我既不会受他们任何一个的伤害（因为没人能把我拖累到堕落里去），亦不会对我的同胞发怒而恨他；我们生来是为合作的，如双足、两手、上下眼皮、上下排的牙齿。所以彼此冲突乃是违反自然的，表示反感和厌恶便是冲突。

二、我之所以为我，不过是一堆肉、一口气和一股控制一切的理性。丢开你的书本！不要再被书本所困惑，那是不可以的。要像一个垂死的人一般，轻视那肉体——那不过是一汪子血、几根骨头、神经和血管组成的网架。再看看那一口气，究竟是什么东西——空气而已，还不是固定的一口气，每分钟都要呼出去，再吸进来，剩下来的是理性；要这样想：你是个老年人了，不要再做奴隶，不要再做被各种私欲所牵扯的傀儡，不要再令他怨恨现世的命运，并且恐惧未来的命运。

三、神的安排都是充满了神意的，就是命运的播弄也不是脱离自然的，也不能脱离由神意支配着的安排与编插。一切都是由神意而来；不过“必然性”以及“整个宇宙的福利”（而你只是其中的一小部分），也是有其作用的。整个的自然之所产生的，整个的自然之所进行维系的，对于自然之各个部分亦必有利。但是宇宙之保全则有赖于变化，不仅是元素的变化，且扩及于由元素复合而成的事物之变化。这样的想法对你是很充分足够的了，如果你引为原则来看待。放弃对书本所抱的渴望吧，以便死时了无遗憾，而能从容不迫从心底里感谢天神。

四、要记取，你已经拖延了多么久，神多少次给你宽限，而你并未加以利用。现在可该明白了，你不过是其中一部分的那个宇宙究竟是怎样的一个东西，你不过是赖其普护而始获得生存的那个宇宙之主宰究竟是怎样的一个东西，你的时间是有限期的，如果你不用以照耀你的心灵，时间便要逝去——你也要跟着逝去——良机一去不可复回。

五、随时下决心，像一个罗马人、像一个大丈夫似的那样坚定，无论做什么事，都要小心翼翼，严肃而不虚矫，要怀着慈悲、自由与公道，不可稍存其他的念头。你可以做到这一点，如果你在一生中做每一件事都像是做最后一件事一般，避免一切粗心大意，避免一切违反理性的感情激动，避免一切虚伪、自私，以及对自己一份命运的抱怨。你要知道，为了度过平静的一生——和神一般的一生，一个人需要具备的条件是如何的少；只要他遵守这些条件，神对他也不会再多所要求。

梁实秋批注

这样的决心说明奥勒留是一个顺应命运安排的人，虽然他痴迷哲学但依然完美履行了自己的责任。一四〇年，奥勒留被擢升为执政官，一四七年任护民官之职位，其他国家荣誉随之相继而来。

六、我的灵魂，你慢待了自己，而你荣耀自身的时机已一去不返。每个人都只有一次生命，你的生命已日薄西山，你却仍不关照自身，而是将幸福寄予别的灵魂。

七、身外的事烦扰你吗？忙里偷闲去再学习一些好的事物吧，不要再被外物牵惹得团团转。不过要当心别陷入另一错误，终生苦苦追求而漫无目标，每一个冲动甚至每一个念头都茫无指归，那些人也是儿戏无聊的人。

八、如果不管别人心灵里进行着的是什么事，一个人便很难得不快乐；但是如果不密切注意自己心灵的起动，则必定是不快乐的。

九、这一点必须要记住：整个宇宙的性质是什么？我的性质是什么？二者之间有何关系？我是怎样的一个整体中的一个怎样的部分？没有人能妨碍你，令你在“言与行”方面不与自然协调，而你正是那自然的一部分。

十、提欧弗拉斯特斯（Theophrastus）① 在作恶行的比较时——就一般通俗的说法，此种比较是可以作的——曾按真正的哲学的精神说，由于欲望而产生的过错比由于愤怒而产生的过错更为可厌。因为激于愤怒的人之违反理性，好像是很苦痛的，不自觉地良心不安；但是由欲望而犯过错的人，被快感所挟持，好像是在做错事之际有一点较为放纵、较为缺乏男子气的样子。他又以哲学家的身份说，很明

梁实秋批注

文中提欧弗拉斯特斯这种比较不合于斯多亚派哲学之主张，因为该派主张过错无等级之分。

确的，与快感有关联的过错，比起与苦痛有关联的过错，应受更严厉的谴责；并且，一般而论，一个人先受了委屈，被苦痛所驱使而生愤怒，总还有一点男子气概，至于由欲望而入邪途的人，则是自作孽了。

十一、你的每一桩行为、每一句话、每一个念头，都要像是一个立刻就要离开人生的人所发出来的。离开人世，如果是有神，这并不可怕，因为神不会引你入于邪恶。如果根本没有神，或者神不管人间事，那么生存在一个没有神或没有神意的宇宙又有何益呢？不过神的确是有的，并且他们是管人间事的；他们已经赋给人类以力量，令他不致堕入邪恶。即使死后还有邪恶，他们亦已有所准备，使每一个人都不致堕入邪恶。神不使人变恶，怎会使人的生活变恶呢？整个宇宙绝不会因愚昧而生疏忽，并且一旦发觉有何疏失，亦必有力量去防御或纠正之；亦不会因蠢笨无能而造成重大过失，以至令善与恶的报应毫无差别地同样落在好人或坏人的头上。不过死亡与生命，尊荣与耻辱，苦痛与快感，财富与贫穷，的确是无分善恶，是人人所不能免，其本身是既不体面亦不可耻，所以那便无所谓善或恶。

十二、一切的事物消逝得多么快，他们的形体消失在这宇宙里，在永恒中他们亦很快地被遗忘，那一切的感官方面的事物，尤其是那些用快感诱惑我们的，或用苦痛威吓我们的，或被虚荣所艳羡的——多么无价值、可鄙、龌龊、短暂、无实——这都是我们应该运用智慧加以体认的。还有，那些靠着言谈见解而博得声誉的人们究竟算得是什么人？死究竟是怎么回事？如果一个人把死参究一下，靠理性的分析把那虚幻的恐惧撇开，他便会觉得那不过是自然的运行而已。如果一个人被自然的运行所吓倒，他便是童骇；须知这不仅是自然之运行，亦正是自然之有益的措施。还要知道，人是如何的与神接触，用他自己的那一部分和神接触，在什么情况之下，人的这一部分才能与神接触。

十三、世上最可怜的莫过于那种人，苦苦地要研讨一切事物，甚至如诗人[②]所说，“钻研到土底下的东西”，并且还要猜想别人心里的事。殊不知他们需要的，只是如何体认并且供奉他内心的神明。所谓供奉即是保持其纯洁，勿使沾染一点“热情”、“轻率”，以及对于从神或人们而来的任何事物的“不满”。因为凡是由神那里来的必是极好的，值得我们尊敬；从人们那里来的亦属同类，值得令我们爱，有时候在某种状态之下，还值得我们同情，由于他们不能分辨善恶——这是和不能分辨黑白一样严重的缺陷。

十四、纵使你的生命可以延展到三千年，甚至三万年，要知道一个人只能死一次，也只能活一回；所以，顶长的寿命和顶短的都是一个样。因为所谓“现在”，对大家是一样长的，我们所丧失的根本便不是我们的，所以我们所放弃的显然只是很短暂的一段时间而已。所以有两件事要记取：第一，自亘古以来一切事物都是在同一模型里铸造出来的，然后一遍一遍地重复翻演，所以一个人在一百年间或二百年间或永恒不变地看同样的事物演来演去，实在是没有差别的。再一件事便是：长寿的与夭折的人所放弃的是一样的多；因为一个人所能被剥夺的只有“现今”，事实上只有这个是他所有的，而他所没有的东西，他当然也不会失掉。

梁实秋批注

第欧根尼的门徒蒙尼摩斯严格实践了犬儒派的主张。他原来是个仆人或者奴隶，从买了第欧根尼做奴隶的那个人那里听到了第欧根尼的完美言行，激起了对第欧根尼的“强烈敬慕”，马上装疯卖傻，让主人把他打发掉，然后投身于第欧根尼和克拉底的门下。

十五、要记取，一切事物均决于我们的看法。犬儒派的蒙尼摩斯（Monimus the Cynic）[③]所说的这句话，其意义是明显的，其效用亦是很明显的，如果我们在其合理范围之内撷取其精华。

十六、一个人的灵魂之堕落，莫过于把自己尽量变成为宇宙的赘瘤。对任何发生的事情抱怨，便是对于自然的违逆，因为一切的事物都不过是自然的某一部分而已。另一堕落之道便是：对于某人加以嫉视，甚至意欲加害于他，许多愤怒的人便往往如是。第三个堕落之道便是：被享乐或苦痛所征服。第四：便是戴假面具，在言行上虚伪无诚。第五：行为或意向漫无目标，对任何事都掉以轻心不加考虑，殊不知最琐细的事也应顾虑到其结果。有理性的人应以服从那最原始的组织形式，即宇宙之理性与法则，为其终极之目标。

十七、人生之过程不过是一个点，其本质是变动的，其知觉是模糊的，其整个身体之构造是易于腐朽的，其灵魂是一个漩涡，命运是不可测的，名誉是难以断定的。简言之，躯体方面的实物像是一条河之逝水，灵魂方面的事物像是梦、像是云雾；人生是一场战斗，又是香客的旅途，死后的名誉只是被人遗忘；那么在人生路途中能帮助我们的是什么呢？只有一件东西——哲学；这便是说，把内心的神明保持得纯洁无损，使之成为 ·切欢乐与苦痛的主宰；做起事来不要漫无目的，亦不存心作为，不受别人的有为或有所不为之影响，更进一步，要迎受一切发生的或注定的事，因为无论其为何事，都是与我们自己同一来源；最重要的是，以愉快的心情等候死亡，须知一切生物都是几种原质所组成，死亡不过是那几种原质的解体而已。如果每一件东西不断地变成为另一件东西，其间就并没有什么可怕，那么一个人对于一切事物之变动与解体又何需恐惧？这是合于自然之道的，自然之道是没有恶的。

作于卡农图姆④。

注释

① Theophrastus，哲学家，亚里士多德的门徒，继亚里士多德为 Lyceum 的主讲，哲学及博物方面著述甚丰，卒于纪元前二八七年。

② 此诗人指 Pindar。

③ Monimus 是 Diogenes 的门徒。

④ 卡农图姆（Carnuntum）即今匈牙利之 Haimburg，在维也纳附近，奥勒留于日耳曼战争（171—173）中之驻节地。

卷三

一、我们不应该只是怀想，生命是一天天地在消逝，来日所余无多；我们也要想一想，假使寿命可以延长，我们的心灵将来是否仍可同样的适宜于了解事实以及对于神与人的事物之沉思冥想，这恐怕是个疑问吧？因为如果一个人寿至期颐，呼吸的能力、消化、思虑、欲望，以及其他类似的能力，当然他还是有的，但是，一身精力之全部的使用，确切的克尽厥职，详细地分辨感官所接触的一切，清楚地判断结束自己生命的时机是否业已来临，以及其他类似的决定，都是极需要训练良好的思考能力的——这些本领在他身上早已灭绝了。所以我们亟需努力向前，

梁实秋批注

自杀的权利是斯多亚派哲学的信条之一，凡因爱国、慈善、贫穷、痼疾、衰老，皆可自杀。该派大师芝诺（Zeno）与克莱安西斯（Cleanthes）都是自杀死的。奥勒留只认为一个人在不可能过一种真正的生活时才可以自杀，他自己就曾一度绝食以求速死。

不仅是因为我们时刻在接近死亡，也是因为在死以前，我们的了解力与知觉已经在逐渐消失了。

二、还有一件事我们要注意：在自然运行中有些附带现象其本身是颇为美妙而富诱惑力的。例如：烤面包的时候，面包上有些地方是要裂开的，这些裂缝虽然也可说是破坏了面包师的计划，其本身却并不坏，具有一种奇特的刺激食欲的力量。再例如，无花果烂熟时也会裂开；橄榄将要烂熟坠地时也有一种特殊的美。低垂的谷穗，狮子的凸出的眉头，野猪嘴边滴下的沫子，还有许多别的事物，如果捡出来单独观察，绝不能说是美，可是由于是自然运行所产生的结果，却显得颇为美妙，讨我们的喜欢。

同样的，如果一个人有敏锐感觉，深刻的体认宇宙的活动，则任何事物，纵然是间接产生的现象，亦必会令他觉得是可喜的，是整体的一部分。他看野兽张着大嘴，和看画家或雕刻家所表现的，能得到同样多的快感；在老年的男人或女人身上他会看到成熟的境界，在年青人身上他会用纯洁的眼光看到诱人的可爱处。许多类似的事物，不见得能讨每个人的欢喜，但是一个真正熟悉自然及其一切作品的人是必然能彻底欣赏的。

三、希波克拉底（Hippocrates）[①]治好许多病人之后，自己病倒而死。星相家预言许多人的死，然后他们自己的命运把他们带走了。亚历山大[②]、庞贝[③]与恺撒[④]，不知多少次毁掉多少名城，在战场上斩杀过多少骑士与步兵，但是有一天他们也与世长辞了。希拉克利特斯（Heraclitus）[⑤]多少次揣想这世界有一天要被火焚毁，结果是自己体内积满了水，浑身沾上牛粪而亡。德谟克利特[⑥]死于虱；苏格拉底（Socrates）死于另一种害虫[⑦]。

这是什么意思呢？你已经动身外出，你已经扬帆，你已经触到陆地[⑧]，你就上岸吧；如果开始另一生活，在那里不会是没有神的；如果那是一个无知无觉的境地，你便可不再受苦乐的支配，不再给肉体作奴仆，那肉体是比那奴仆卑贱得多。一个是智慧是神明，另一个是粪土是腐朽的东西。

四、不要浪费你的残生去空想别人的事，除非你能把那些空想联系到共同的目标上去，因为那实在是耽误了你做别的事情。如果你竟空想某某人是在做什么，为什么，说的是什么，他心里想的是什么，打算的是什么，以及其他类似的事情，凡此皆足以把你卷走，使你不能专心守护你自己的主宰的理性。

所以我们应该排除我们思想连锁中之漫无目标的无益的部分，过分好奇与怀有恶意的部分尤宜摒斥，一个人应该习惯于只思索一种事，一旦有人问起“你心里想些什么？”你便能立刻坦白回答“我想的是这个或那个”；你的回答要立刻能表示出你的内心是单纯的、和善的，不失人群一分子的身份，没有一点享乐纵欲的遐想，没有任何争胜、嫉妒、猜疑，或任何羞于自承的念头。

实在讲，这样的一个人，力争上游唯恐或浼，可以说是很像一位神的祭司，同时还利用他的内在的神明，使他自己不受享乐的沾污，不受一切苦痛的伤害，一切侮辱加不到他的身上，一切罪恶他都能够抗拒，真乃最崇高的比赛中之斗士，永不被任何情感所制伏，深深地具有正义感，对于任何遭遇以及分配给他的那一份命运，都竭诚地欢迎接受，除了为重大的必要或与公共利益有关之外，很少过问别人的言行与思想。

因为只有与他自己有关的事情，他才肯列入他的活动范围之内，他不断地思索着“从整个宇宙之中他所分到的那一部分”，自己的行为方面要努力做好，命运方面的事他确信是善的。因为每个人所分得的那一份命运，乃是与他有生以俱来的，并且是要挟持他以俱去的。

他也记得，凡属理性之伦都是他的同类，关怀一切人乃是合于人性的，我们不能听从所有人的意见，但是那些在生活上严格遵守自然之道者的意见是要听从的。至于那些在生活上不守这样规律的人们，他们居家在外的行为如何？夜里如何？白昼如何？在何种罪恶当中翻滚？伴侣是何等样人？关于这一点他也是经常注意的。这些人本身不足取，他们口中发出的赞语，他当然不予理会。

五、凡有所为不要出于违心、自私、轻率、强勉，不要用太好看的装饰打扮你的思想；不要太多话亦不要多管闲事；让你的内心的神明作你的生活的主宰。你是有丈夫气的、成年的、从事政治的，是一个罗马人、是一个统治者，据守岗位就好像是一个随时准备完成的人静候信号便可脱离人生，既无需宣誓，更无需任何人来做保证。摆出一副欢喜的面孔，不需求外来的帮助，亦不需求别人所能给你的宁静。自己站起来，不要别人扶起来。

六、如果你能在人生中找到什么东西能胜过公道、真理、节制、勇敢……简言之，胜过你对于那些帮助你按照理性做事的东西之内心的满足，胜过你对于不容选择的命运分配之内心的满足；如果你能找到比这还好的东西，一经发现，赶快全神贯注地迎上去，尽量地去享受那最好的东西吧！

但是，如果没有什么能胜过你的内在的神明，那神明能制伏一切各种欲望，能检讨一切的思考，能如苏格拉底所说不受感官的诱惑，能敬畏神祇，能博爱众人；如果你发现任何其他事物皆比这个为渺小，皆比这个价值低，千万不要放弃这个转而他求；因为一旦你有所旁骛，误入歧途，你便永久不能再专心一意地侍奉你那固有的好东西。一切的身外之物，诸如众人的赞美、权势、财富、纵乐，若任其与理性和政治利益相抗衡，那是不对的。这一切东西，纵然在短期间好像是颇能令我们适意，会忽然间占得上风把我们掳走。

所以，我说，你要简截了当地选择那较好的，并且要坚守不渝。也许有人要说，对我有益的才能算是较好的。那么，你作为一个理性的人，对你有益的你就可以坚持不放；如果你只是作为一个动物，你要大胆地拒绝它，并且毫无骄矜地保持你的判断，只是要注意你的探讨并无错误。

七、任何事，凡是强迫你违背诺言、放弃荣誉，令你怀恨、猜疑，或是诅咒任何人，要你扮演一个伪善者，引诱你追求需要墙壁帷幄来掩蔽的享乐，你都不要认为是于你有益的事。因为，凡是认定自己的智慧及神明为优于一切并从而膜拜之的人，绝不成为悲剧人物，绝不苦痛呻吟，绝不企求幽独，亦绝不希冀尘嚣；他的一生无所追求，亦无所闪避。他的灵魂在躯壳里究竟能停留长一些时间或短一些时间，他毫不介意；因为纵使要他立刻就离开尘世，他也会高高兴兴地就道，就好像做别的事情一般的从容不迫，他一生中只注意到一件事，思想决不背离一个有理性的人和一个良好公民所应有的楷模。

八、在一个有节制的彻底清洁过的人的心里，你不会发现毒疮、坏疽，或隐藏着的脓疱；大限一至，他的生命不会是突被切断——像悲剧演员台词未毕即匆匆下台那样。再说，他是没有一点奴性，没有一点虚娇，不依赖别人，亦不离弃别人，不怕追究，亦无需躲闪。

九、要尊重你那形成意见的能力。你的主宰的理性当中有无与自然不调和的意见，有无与一个理性动物的机构不相容的意见，完全是靠了它。这一能力能给你精思熟虑，对于人的友爱，对于神的虔敬。

十、抛弃一切其他的东西，只把握住这些个吧，虽然只有这几个；要记取，人的生命只是目前这么一段时间，其余的不是业已过去，便是可能永不会来。人生实在渺小极了，他所生存的地方只是地上小小的一个角落，就是那垂诸久远的身世之誉也是微末不足道，那只是靠一些可怜的人们辗转传述，他们自己也要很快地死去，他们未必能认识他们自己，更何况老早以前死去的人。

十一、除了上述信条之外还要再加一个——“你遭遇一件事物，便要给它下一定义或作一描述，以便清晰地看出赤裸裸的真相，其全部的真相”，然后自己心里盘算其名称该是什么？其组成的分子的名称该是什么？将来要变化成为什么？

最能培养高尚胸襟的事，莫过于对人生遭遇的一切，作确实而有条理的研究，从而参究这宇宙到底是怎样的一个东西？当前的事物对这宇宙有何效用？对宇宙有何价值？对人有何价值？人乃是那最高国家组织中的公民，其他的各种组织只好像是家族的性质；这目前给我以印象的东西，其本质是什么？是由什么分子组成的？大约可以延续多久？它能引发我的什么美德？诸如谦逊、勇敢、真实、忠诚、无欺、自足等等。

在每一情况之下你要这样说：这是来自神，这乃是由于命运之交错以及类似之偶然的因缘；这乃是来自一位同族的人、一位亲戚、一位邻人，虽然他自己并不知道什么是合于他的本性的。但是我知道，所以我要和善地、公正地、对待他，要合睦邻的自然法则；同时，对于既非善亦非恶的事物，我要以确定其真实价值为目的。

梁实秋批注

斯多亚派哲学家以整个宇宙为一大国家，所有的人皆为公民，尊奉一个宇宙理性。

十二、如果你做事能遵从正确的理性，诚恳地、勇敢地、从容地，专心一意地保持内心的纯洁神圣，好像现在立刻就要把它奉还给造物主一般；如果你能把握这一点，别无他求亦无所回避，而满足于自然所准许的目前的活动，谈吐一言一语均不失为大胆的真实，那么你一生将是幸福的了；没有人能阻止你。

十三、就好像是医生一般，刀剪随时准备在手边，应付紧急的手术；同样的你也要认定宗旨，随时处理那些有关人与神的事务，纵然是极琐细的事，也要充分地认识二者相互的关联。因为你永远不能好好地尽任何的人方面的责任，除非你把它联系到神方面去，反过来亦然。

十四、不要再信步漫游；因为你大概是不会读到你自己的“札记”⑨或“古希腊罗马事迹”⑩，及你预备在老年阅读的群书摘录。赶快奔向你的目标，并且如果你珍惜你自己，赶快放弃一切妄念，乘你尚可为力的时候救救你自己吧！

十五、他们不知道这些词句包含着多少意义——偷窃、播种、购买、沉默，发现有什么事情该做，这不是眼睛所能看到的，而是需要另外一种视觉。⑪

十六、肉体，灵魂，智慧：感觉属于肉体，欲念属于灵魂，真理属于智慧。靠了感官而获得印象，牛亦优为之；像傀儡似的由欲念来牵线，则野兽与嬖童[12]，一个法拉里斯[13]与一个尼禄[14]，都是同样的。说到靠智慧做向导以尽他们所体认到的责任，则不信神的人，见国家危急而不救的人，关起门来做坏事的人，全都有这个本领。

如果任何其他的事皆是上述各种人所共有的，那么一个好人的特点只剩下这一点了，那便是——对于一切发生的事和命运给他编造的事，一概地感觉愉快而且欢迎，不污损其内心的神明、不以许多妄念去烦扰它，保持其宁静肃穆，规规矩矩地事之如神，不作妄语、不为邪行。如果所有的人不信他过的是简单朴素而愉快的生活，他也不对他们任何人发怒，也不改其常轨，他依然是“纯洁地、宁静地”朝着他的生命的鹄的前进，随时准备离开人生，毫无勉强地接受他的命运。

梁实秋批注

法拉里斯（Phalaris）是西西里的著名暴君，约卒于纪元前五四九年，以残虐闻名，曾活烧俘虏。这里所说的不信神的人等无疑指当时的基督教，他们被质控的三大罪状正是：一、不信神；二、无爱国心；三、举行秘密仪式。

注 释

① 希波克拉底，约生活于纪元前四六〇至三五七年间，古时 Calen 以前最伟大之医师，家乡在 Cos，现尚存有大树一株，据云其曾在该树下教医。

② 亚历山大（Alexander the Great）是马其顿国王，曾征服东方，约在纪元前三五六至三二三年间。

③ 庞贝（Pompeius）是罗马共和国末期大将，纪元前一〇六至四八年间。

④ 恺撒（Gaius Caesar）即是 Julius Caesar，罗马独裁者。

⑤ 希拉克利特斯（Heraciltius）生于纪元前第六世纪。斯多亚派哲学之关于物理的观念大部分皆是从他的著作中借来的。他认为宇宙一切皆在变动中，万物无常，因有绰号“Weeping philosopher”。

⑥ 德谟克利特（Democritus），绰号是“Laughing philosopher”，他常有的一个念头是：“这些凡人们是何等样的傻瓜啊！”他创立了原子学说。死于虱之说未见其他任何文献，据 Laetius 说他死于衰老，据 Lucretius 说他是因智力消退而自杀身死。

⑦ 此处所谓“另一种害虫”显然是指控诉苏格拉底之 Anytus 与 Meletus 而言。

⑧ 古埃及之婉曲语，“触陆地”即死亡之意。

⑨ “札记”（Memoranda）可能即是本书《沉思录》。

⑩ 有人认为这或者是奥勒留自己所著的一部历史。

⑪ 这第十五节意义不甚可通，疑原文有脱落或舛误。

⑫ 原文 pathics，男性之卖淫者。

⑬ 法拉里斯（Phalaris）是西西利的著名暴君，约卒于 549 B.C.，以残虐闻名，曾火烧俘虏。

⑭ 尼禄（Nero），罗马皇帝（37 A.D.—68 A.D.），亦以残虐荒淫著名。

卷四

一、吾人内心之主宰，在与自然之道相吻合的时候，对于一切发生之事均能适应；凡是可能的，凡是所遭遇的一切，均能从容不迫地适应之，它并不需要某一种固定的物质。在追求其崇高目标之际，固然要有若干条件的限制，但如遭遇任何障碍却能改变其气质——犹如任何东西投入火内，均能被它融化一般。小的火焰可能被它扑灭，但是熊熊的大火便能吸收一切投入之物，焚毁之，结果是火势更盛。

二、不要做没有目标的事，亦不要做不合于生活艺术之完美原则的事。

三、一般人隐居在乡间、在海边、在山上，你也曾最向往这样的生活。[①] 但这乃是最为庸俗的事，因为你随时可以退隐到你自己心里去。一个人不能找到一个去处比他自己的灵魂更为清静——尤其是如果他心中自有丘壑，只消凝神一顾，立刻便可获得宁静，所谓宁静亦即是有条不紊之谓。充分地利用这种退隐的方法，使你自己得到新生。你内心的宗旨要简单而切要，拿来应用要立刻能解除烦恼，回转来时对原有的事物不再有何恚意。

梁实秋批注

奥勒留克己苦修，但不赞同隐退。他关心的乃是如何做与公共利益相符合的事，他的生活态度是积极入世的。修养在于内心，与环境没有多大关系。他说："一般人隐居在乡间、在海边、在山上，你也曾最向往这样的生活。但这乃是最为庸俗的事，因为你随时可以退隐到你自己心里去。一个人不能找到一个去处比他自己的灵魂更为清净——尤其是如果他心中自有丘壑，只消凝神一顾，立刻便可获得宁静。"还真是得道之语。

你对什么怀有瞋恚之意呢？是不是人心太坏？你心里要这样想：理性的动物是为了彼此互助而生的，忍耐便是公道的一部分；做错事都不是本愿的。试想在此以前，多少人于度过仇视、猜疑、嫉恶，甚至拔刀对杀的生活之后，不都是已经死去变成灰尘了吗？请想一想这桩子事，你最后便不复有什么瞋恚了。你是对整个宇宙中你所分占的一份觉得不满吗？要想想宇宙只有两个解释：一个是有神主宰一切，一个是原子的因缘凑合。我们有充分的证据可以说明"宇宙是像一个国家组织一般"。是不是肉体方面的苦恼总是抓住你不放呢？你要这样想：人的心灵一旦收敛起来，并且发现其力量之所在，便与实际生活中的顺利与坎坷全无关系。还要想想：你所听到过的与服膺过的有关快乐与苦痛的种种道理。

是不是那个无聊的东西——名誉，使你不能忘怀呢？试看，一切事物多么快地就全被遗忘！过去与未来是什么样的一片空虚！赞美之辞是何等的虚妄！对我们恭维的人是如何的善变与缺乏判断！这一切活动的场所又是如何的狭小偏隘！整个的大地不过是一个点，我们走动的地方更是何等渺小的一个角落！其中能容得多少人？称赞你的人又是何等样的人？

所以从今以后，你该退隐到自己那块小天地里去，不要过分紧张、不要急躁，要从容自持，要像一个人，一个有人性的人，一个公民，一个尘世凡人，那样地去面对人生。但是最方便的宗旨当中，有两项你要注意：第一，客观的事物并不能涉及灵魂，只是在外面静止着；烦扰皆由内心而起。第二，眼见的世界瞬息万变，然后趋于消灭；要不断地想念你自己亲见的有多少事物在变。“宇宙即变化，人生即主观。”

梁实秋批注

“人生即主观”一句是毕达哥拉斯派哲学家Democrates的格言。出现在莎士比亚《哈姆雷特》第二幕二景二五六行。原文是“There is nothing either good or bad, but thinking makes it so.”

四、如果智力是我们所共有的，那么使我们成为理性动物的那个理性也是我们所共有的。如果是这样的，那么告诉我们何者应为、何者不应为的那个理性也是我们所共有的。如果是这样的，那么我们是服从一个共同的法则。如果是这样的，那么我们都是公民。如果是这样的，那么我们都是一个共同组织的分子。如果是这样的，那么宇宙便好像是一个国家——因为由人类全体所组成的机构不是国家是什么呢？并且从这共同的国家我们获得了智识的、理性的与守法的本能，若不从这里获得，从哪里获得呢？我身体里面的土是从土分割出来的，水是从水来的，风是从风来的，火是从火来的；任何事物不能无中生有，犹之任何事物亦不能归于乌有，所以智力亦无疑地是其来有自。

五、死，和生一样，是自然的一项秘密，几种元素的组合，又离析成为那几种元素，绝不是什么可羞耻的事，完全合于理性动物的本质，与人生的法则亦无任何抵触。

六、这样的人，便无可避免地会做出这样的事。如果你希望其不如此，那便等于是希望无花果树没有辛辣的汁浆。在任何情形之下都要常常记住，在很短的期间之内你和他是都要死的，再过不久你们的名姓也不会长留在世间。

七、铲除“我是受了伤害”的观念，受伤害的感觉立刻就消灭了，铲除那感觉，伤害立刻也就消灭了。

八、凡不能使得一个人本身变得比以前坏的，必不能使得他的生活变得比以前坏，亦必不能从外面或从内面伤害到它。

九、凡属于对公众有益之事物，都含有一种本质，迫使它不得不如此做。

十、要注意，一切遭遇都是适当而公正的。仔细观察，你就会发现此言不谬；它不仅是按照顺序，如根茎花果一样，而且是含有公道，好像是冥冥之中有所施给，都是按照各人应得之分。你既已开始，那么就要密切注意下去，无论做什么事，要像一个真正的好人所应该做的那样去做；在每一活动范围之内，要保持这个原则。

十一、你怀有的见解，不可像是害你的人所怀有的一般，亦不可像是他所希冀你所怀有的那样。观察事物要根据事物本身之实在状况。

十二、你随时要有两种准备：一个是随时准备只是遵照那统摄一切的理性之吩咐，去做于人类有益之事；另一个是，准备随时改变你的主张，如果有人纠正你使你免于虚妄。不过此种改变必须以其确属正当或对公众有益为基础，并须以此为唯一之基础，不可仅凭一时高兴或出于沽名钓誉的动机。

十三、你有理性吗？我有。那么为什么不用它呢？因为一旦理性发挥它的力量，你还能更需要什么别的东西？

十四、你是宇宙整体的一部分，你从何处来，便将消失到何处去，也可以说你将经过一番变化，而回复到那造物者的理性里去。

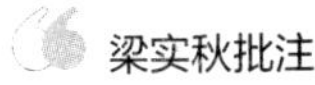

梁实秋批注

正如奥勒留所说，人是宇宙的一部分，所以对宇宙整体负有义务，应随时不忘自己的本分，致力于整体的利益。

十五、许多香灰屑纷纷落在这同一的圣坛上，有的落得早些，有的晚些，但是没有什么分别。

十六、那些把你当作野兽或猿猴看待的人，不消十天的工夫，就会奉你如神明——如果你回过头来遵守你的信条并且崇敬你的理性。

十七、莫以为你还有一万年可活，你的命在须臾了；趁你还在活着，还来得及，要好好做人。

十八、一个人不管别人的言行思想是否正确，只管注意自己的行为是否正确，那么这个人的生涯将是何等丰富！老实讲，一个好人是不要窥察别人内心的黑暗，而是“目不斜视地直赴目标”。

十九、为身后美名而动心的人，实在是没有思想，每一个记得他的人，以及他本人，很快就要死去，他们的后人亦将很快继他们而死去，直到最后关于此人之整个的怀忆完全消失；虽然连环传递之际亦曾闪闪发亮，但终归要熄灭的。假使怀忆与怀忆者都是长生不死的，对你又有何益？对于死者，我无需说，赞美是无关痛痒的，对于活着的人可又有什么用处？除非真是把它当作达到某种目的之一个手段？因为你在现今拒绝使用上天的秉赋，而斤斤计较将来别人对你的议论，那是不合实际的。

二十、一切事物如果有其自己的任何美妙处，其本身便是美的，无需旁求，赞美并算不得是其中的一部分；受赞美并不能使它变得更好或更坏。这个道理适用于大家所谓美的事物，例如物质的东西或艺术品。那么，真正的美还会需要赞美吗？不，除了规律、真理、慈爱、谦逊之外什么都不需要。而这几项，有哪一项是由于赞美而才成为美的，或由于贬抑而丧失了美？什么！一块翡翠会因为无人赞美而失去它价值吗？真金、象牙、紫袍、竖琴、短剑、小花、矮树会因为无人赞美而失去价值吗？

二一、如果躯体死后而灵魂不灭，无数年后大气中如何能容得下那么多的灵魂？天长日久，土地里又如何能埋得下那么多的躯体？就像躯体于相当期间腐化之后腾出空间给别的死尸一样，灵魂飞入空中经过相当期间之后也要发生变化、解体，变为火，回到整个的宇宙之创造的理性里去，让出地位给后来的人居住。这是我们对灵魂于躯体死后不灭的假设所能提出的答案。

但是我们不能仅仅考虑到经常埋葬的那么多的尸体，我们还要考虑到我们自己所吃掉的及别的动物所吞噬的生物。这消耗的数目是多么的大，而且可以说是埋葬在食者的躯体之内了！但是它们都不愁没有空间，因为它们变成了血，然后又变成了气，变成了火。这件事可显示了什么寻求真理的方法呢？那便是“物质的”与“形相的”之析离。

二二、不要随波逐流。每一举措，须要合乎公道；每一印象，须要求其正确。

二三、宇宙啊，凡是与你合谐的，亦即与我和谐！凡是在时间上适合你的，对于我就不是太早，也不是太晚！自然啊，你各个季节所带来的，都是给我享用的果实！凡是由你那里来的，在你那里生存的，都会回到你那里去。有人说过：“可爱的 Cecrops 的城市！”② 你为什么不说“啊，可爱的 Zeus 城市”呢？

二四、哲学家说过：“如果你想要心中宁静，少做事。”③ 但是只做必须之事，只做宇宙一分子的理性所要求的事，只按照它所要求的去做，这不是一个更好的格言吗？因为这将不仅因做很少的事而获致心中的宁静，而且还可以因为做得适宜而获致心中的宁静。我们的言与行，什么都是不必需的，如果一个人知所节制，当然可得较多的闲暇、较少的烦恼。所以遇有机会不要忘记问你自己：“是不是不必需的事情之一？”但是我们不仅要减少动作，不必需的思想也要删灭——因为减少妄念，不必需的动作也就无从而生。

二五、努力过一个好人的生活，对于宇宙整体划分出来给他的那一份要欣然接受。对于自己的行为是否正当？自己的存心是否忠厚？而感觉满意？看看是否已经做到。

二六、你已经考虑过那一面了？现在看看这一面！不要自寻烦恼，要努力做到简朴。有一个做错事了吗？那只是害了他自己。你遭遇到什么事了吗？那很好。每一桩子遭遇都是自始为你编排的，那是整个宇宙中分给你的一份。总而言之，人生是短暂的；要以正确的理性及公道来享受这现在。在松弛的时候不可放纵。

二七、宇宙间之万物的安排，可以说是有良好的秩序，也可说是杂乱一团，但不是没有计划的。如果宇宙没有秩序，你的内心能有秩序吗？况且万物虽然分散但仍是互相关联，你能说宇宙没有秩序吗？

二八、一个凶恶的性格，一个懦弱的性格，一个顽硬的性格，无人性的、兽性的、稚气的、愚蠢的、虚假的、谄媚的、贪婪的、残暴的！④

二九、如果一个人对宇宙里面的事物一无所知，他便是个宇宙以外的人，那么对于宇宙里面所发生的事一无所知的人，也同样地可以说是个宇宙以外的人。自居于宇宙之法以外的人，便是个流囚；

不能用慧眼观察的人，便是个瞎子；依靠别人而不能从自身取得自己生活所需要者，便是个乞丐；只因不满于现实而即自绝于“宇宙的共同的理性”，便是宇宙的赘瘤——因为是同一个宇宙产生了现实也产生了你；把自己的灵魂从那浑然一体的理性动物的灵魂中割裂出来，他便是那整体的一个残肢。

三十、有一位哲学家没有一件衫，又有一位没有一本书，又有一位是半裸的，他说：“我没东西吃要饿死了，但是我紧紧地抓住理性。”我也是如此：我从我的学问里得不到什么，但是我要紧紧地抓住它。

三一、珍视你所学习的技艺，无论其为如何的低微，并且要安心乐业于其中；要像是一个全心信赖神祇，既不骄纵凌人亦不甘为奴仆的人那样打发你的余生。

三二、试回想一下维斯佩绅⑤的时代，你就会看见这一切：结婚、养孩子、生病、死亡、作战、欢乐、经商、耕种、谄谀别人、吹嘘自己、猜疑、阴谋、祈求某人快死、叹诉自己命薄、恋爱、储蓄、希求作执政官、妄想裂土为王，可是他们的生活到如今没有在任何地方留下任何痕迹。回想图拉真⑥时代的光景，情形完全是一样，那时的生活也都已逝去。同样地可以试想历史上任何时代或任何国家，多少惨淡经营的成果，都不免于死亡、归于尘埃。但是最要紧的是你要想想：你自己认识的那些只知追逐虚荣而不知安分守己的人。由此可以知道，吾人所加诸于任何行动的注意力，应有适当的价值观念及比例观念作为准绳。这样，你便永远不会内心歉疚，如果你对于次要的事情不过分地枉费精神。

三三、许多从前使用的词句，如今都作废了。同样的，历史上被歌赞的名字在某种意义上也可说是作废，如 Camillus、Caeso、Volesus、Dentatus，稍后的 Scipio 与 Cato，再后的 Augustus，以及 Hadrian 与 Antoninus[7]。因为一切都很快地消逝而变为传说，不久便整个的被遗忘了。我所提到的这些名字都是在世界上曾经发过异常的光辉的；至于其余的人们，则一旦断了气，便可以说是“眼睛看不见，心里不再想”了。但是所谓“不朽之誉”究竟是什么呢？完全是虚幻而已。那么我们应该追求的是什么呢？只有这一样：思想公正、行为无私、绝无谎言，对一切遭遇都认为是不可避免，都认为平凡无奇，都认为是从一个泉源里发出来的。

三四、甘心情愿地把你自己交给 Clotho[8]，让她编织你的生命之线，作何用途也由她任意安排吧。

三五、全都是朝生暮死的，记忆者与被记忆者都是一样。

三六、要不断地想，一切事物是以变化而相嬗；要经常地想，宇宙最喜欢改变现存的事物，并且制造同一类型的新的事物。现存的一切可以说是种子，孳生出新的事物，但是一提起种子，你就想到只有播在土里或子宫的才是种子，这看法是太不哲学的了。

三七、过不久你就会死，可是你还没有能达到朴实无华、无忧无虑，不虞遭受外界侵袭，与众翕合无闲，并深信智慧与正义乃是一个真实的境界。

三八、研讨一下统摄人类行为的理性，看一看哲人们避免的是什么，追求的是什么。

三九、你所认为是邪恶的，根本不会存在于别人的心里，也不会是由于你自己的环境而造成任何变迁。那么是从何而生的呢？是来自你自己判其为恶的判断力；你自己不下判断，则一切都好。判断力的近邻便是你的可怜的躯体了，你的躯体纵使被割裂、被焚烧、腐烂化脓，你也不要轻下判断；换言之，你只可认定没有事物是善的或是恶的，因为任何事物都可以同样地发生在一个好人或恶人身上。生活合于自然之道的人与生活不合于自然之道的人既然可以有同样的遭遇，那遭遇也就很难说是合于自然之道或不合于自然之道了。

四十、永远要想：宇宙乃是一个活的东西，只有一种本质，只有一个灵魂；一切事物都要回复到那唯一的知觉；一切事物都是发自那唯一的动机，一切现存的东西乃是一切将要发生的东西之共同的因，一根根的线是如此地错综交织在一个网织物里。

四一、埃皮克提图[⑨]说得好，你是一个担负着躯体的小小的灵魂。

四二、一切事物都要起变化，这算不得是恶；犹之乎有些事物由于变化的结果才得存在，亦算不得是善。

四三、时间就好像是一条河、一条急流，里面含着无穷的变化。才刚好发现一个东西，它便已经消逝了；看呀！又有一个东西涌现，它又将马上消逝得杳无踪影。

四四、一切发生的事情都是平常而熟悉的，犹如春天的玫瑰和夏天的果实。同样的道理适用于疾病、老化、死亡、毁谤、欺诈，以及一切使愚人欣喜或苦恼的事物。

四五、后来的与已往的总是有密切关系的。因为一连串的事物并非是分别地先后发生，而是有一种理性的关联的；恰似现存的事物在一种和谐的秩序中被拼合在一起，未来的事物也是一样的，不仅是继起的性质，而且与现存的事物具有巧妙的关系。

四六、永远要把Heraclitus的话铭记于心："土死变水，水死变气，气死变火，然后循环不已。"还要记住"那个忘了路向的旅者——人——永远是和他毕生关系最密切的那个向导——统摄整个宇宙的理性——争闹"；我们不可"像睡梦中人那样做事说话"，因为我们在睡梦中好像是也要做事说话的；不可有像"儿童模仿父母"一般的作风，不可动辄以"我们的父亲是这样告诉我们的"为借口。

四七、如果一位神祇告诉你说："你明天就要死，无论如何总逃不过后天。"那么你究竟是明天死、还是后天死，你必定认为那是没有什么重要性的，除非你是极度的卑鄙，因为那分别实在是太小了！那么你究竟是若干年后死，还是明天死，你也同样地当作一件无关紧要的事去看待吧！

四八、随时要记住：多少位医生，于常常望着病人紧皱眉头之后而悄悄地死了；多少位星相家，于煞有其事地预告别人的死期之后而悄悄地死了；多少位哲学家，于长篇大论地讨论死亡与不朽之后而悄悄地死了；多少位伟大军人，于屠杀千千万万的人之后而悄悄地死了；多少位暴君，于骄横地行使他们的生杀大权，好像自己永生不死之后而悄悄地死了；多少座整个的城池，或许我应该这样说，至今也都死了，如Helice，Pompeii，Herculanlum[⑩]及其他无数的地方。

再看看你所亲自认识的，一个接着一个地也都死了。一个人刚给他的朋友送终，然后他自己倒下去了，又一个朋友来给他送终，他又自己倒下去了；这一切都发生在短短的几年之间。总之，不要忘记：一切有生之伦，其生命是如何的短促，并且是如何的猥贱；昨天是一摊黏液，明天便成为一个木乃伊或是一堆灰。按照自然之道去排遣这短暂的时间吧，漂漂亮亮地走向这旅途的尽头，像一颗橄榄烂熟落地一般，赞美那在底下承托着的大地，感激那令他滋长的万物。

四九、要像一块岬角的岩石，任凭那海浪不断地冲击；但是本身屹立不动，四周汹涌的浪涛不久就消沉下去了。

“啊！我的运气不好，竟遭遇到这样的事！”不，应该这样说：“我好幸运，虽然遭遇这样的事，我并未受伤，既未被现状所粉碎，对将来亦无恐惧。”因为类似的事可能落在每一个人头上，可是并不见得每一个人都能不受到它的伤害。为什么认为那是不幸，而不认为这是幸事呢？无论如何，你可曾见过一个人的不幸，而不是由于他背叛了他的本性？凡不是与人性的意志背道而驰的，你会认为那是人性的变态吗？那么，你已经知道什么是人性的意志了。你还认为你所遭遇的事真的会使你减少一点点的公正、高尚、纯洁、明智、戒慎、爽直、谦逊、自由以及其他人性所不可或缺的德行吗？将来如有任何事情使得你觉得受了伤害，你不可忘记这句格言：“没有一桩不幸的事不可由于勇敢承当而变成为幸事。”

五十、有一个帮助我们蔑视死亡的方法，虽不大合于哲学，却是颇为有效——那便是列举一下那些顽健而长寿的人们。他们比起短命而死的人们又好了多少呢？他们终归是被埋葬了，如Cadicianus，Falius，Fulianus，Lepidus及其他[11]，他们送了许多别人入葬，结果他们自己也入葬了。从任何方面看，寿命之长短其差异是很小的，生命即使熬到尽头，其间还要经历有多少烦恼，甚至要遇到什么样的伴侣，最后会秉有什么样的躯体？生命没有什么了不得。回顾一下，时间在你后面张着大嘴，向前展望，又是一个无穷的永恒。在这永恒之内，只活三天的婴孩的寿命和长达三世纪的一个Nestor[12]的寿命是一样的。

梁实秋批注

奥勒留经常谈到死。他甚至教人不但别怕死，而且欢迎死。他慰藉人的方法之一是教人想想这世界之可留恋处是如何的少。一切宗教皆以“了生死”为大事……所谓生死，不了断亦自然了断，我们是无能为力的。我们来到这个世界，并未经我们同意，我们离开这世界，也将不经我们同意。我们是被动的。

五一、要走最短的道路；最短的道路便是自然之道，这条道引人到最安稳的言行。能下这样的决心，便可免除烦恼与竞争，远离机巧与虚矫。

注 释

① Lorium，Lanuvium，Alsium，Centumcellae，Praeneste，Baiae，Caieta 都是奥勒留休浴之处。

② Cecrops 是传说中的第一个亚典国王。City of Cecrops 即亚典城。

③ 说这句话的哲学家是德谟克利特。

④ 此节用诅咒语气，颇不合奥勒留自己平素主张，其心目中想系指一恣肆反常之人如尼禄之类。

⑤ 维斯佩绅（Vespasian）是罗马第九任皇帝（9 A.D.—79 A.D.）。

⑥ 图拉真（Trajan）是罗马第十三任皇帝（52 A.D.—117A.D.）。

⑦ Camillus，罗马共和国初期之著名的独裁者。Caeso 即 Kaeso Fabius Vibulanus，于四七九年被害于 Cremera。Volesus 即 P. Valerius Volusi Filius Poplicola，罗马共和国初期英雄。Dentatus 为征服 Samnites 与 Pyrrhus 之英雄。Scipio 父子均为著名军人，父征服 Hannibal，子毁灭 Carthage。Cato 为著名斯多亚派哲学家，于纪元前四六年 Thapsus 之战后自戕。Augustus，罗马第一任皇帝（63 B.C.—14 A.D.）。Hadrian，罗马第十四任皇帝（76—138）。Antoninus Pius，罗马第十五任皇帝（138—161）。

⑧ Clotho，希腊神话司命运三女神之一，Clotho 年最幼，于人初生时手持纺线杆，Lachesis 纺出人一生之事迹，Atropos 年最长，用利剪割断之。

⑨ Epictetus，斯多亚派著名哲学家，生于纪元后一世纪，先为奴，后被释，跛且穷，到处讲学，怡然自乐，主张忍耐节制即是美德，弟子纂编其言论为“*Encheiridion*”一书，本节所引之语不知出自何处。

⑩ Helice 是 Achaio 一城池，于约纪元前五百年时被海水所吞没。Pompeii 于纪元后七十九年被威苏威火山所毁灭。Herculanlum 在威苏威火山附近，亦于七十九年被毁。

⑪ Cadicianus，古之长寿者，生平不详。（可能是 Caecilanus 之讹。）Fabius，Julianus，亦古之长寿者，不知其详。Lepidus 贪求长生不老，可能即是古罗马三执政之一的那一位。

⑫ Nestor 乃希腊对 Troy 战争中之年最长的一位首领。

卷五

一、在天亮的时候，如果你懒得起床，要随时作如是想："我要起来，去做一个人的工作。"我生下就是为了做那工作的，我来到世间就是为了做那工作的，那么现在就去做那工作又有什么可怨的呢？我既是为了这工作而生的，那么我应该蜷卧在被窝里取暖吗？"被窝里较为舒适呀。"那么你是生来为了享乐的吗？简言之，我且问汝，你是被动地还是主动地要有所作为？试想每一细小的植物，每一只小鸟、蚂蚁、蜘蛛、蜜蜂，他们是如何的勤于操作，如何的各尽厥职，以组成一个有秩序的宇宙。那么你可以拒绝去做一个人的工作吗？自然命令你做的事你还不赶快去做吗？"但是一些休息也是必要的呀。"这我不否认。但是根据自然之道，这也要有个限制，犹如饮食一般。你已经超过限制了，你已经超过足够的限量了。但是讲到工作你却不如此了，多做一点你也不肯。

你不爱你自己，否则你一定也会爱你的本性，而且按照你的本性去做。别人因敬爱他们的职业而辛勤地工作，以至于羸瘦不堪，

梁实秋批注

早晨是否黎明即起，是否贪睡懒觉，事情虽小，其意义所关甚巨。这是每天生活斗争中之第一回合。故奥勒留有此思考，不过他的卧房极冷，两手几乎不敢伸出被外，但是清晨三点或五点即起身。Fronto常劝他多一点睡眠，“要像一个自由人应该睡得足够”。

忘记洗盥进食。但是你却不尊敬你的本性，还不如金属雕刻匠之于雕镂，舞者之于舞术，守财奴之于他的钱袋，好虚荣者之于喝彩声；这些人，做事非常认真，以至废寝忘食，所以才能因兴趣之所在而精益求精；但是你以为与社会有关的行为是比较没有价值，并且比较不值得注意吗？

二、对于每一恼人的或敌意的印象加以排斥抹煞，然后立即进入完满的宁静状态，那是多么容易的事。

三、凡合于自然之道的言行，你都要认为是值得做的，不要被别人的批评议论所左右。一项言行如属有益，便不要认为你不配去做，尽管别人自有他们的想法，追随他们自己的意向。你绝不可旁顾，径直向前走，追随你自己的本性亦即宇宙之道，二者根本是同一条路。

四、我按照自然之道进行，等到有一天我便要倒下去，作长久的休息，把最后的一口气吐向我天天所从吸气的空中去，倒在父亲所从获得谷类，母亲所从获得血液，乳妈所从获得乳汁的大地上：那大地这许多年来给我以饮食；那大地任我践踏在脚底下，任我随意作各种的使用。

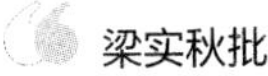

梁实秋批注

奥勒留的哲学的一部分即是宗教。他教人对死坦然视之，这是自然之道。凡是自然的皆是对的。“我按照自然之道进行，等到有一天我便要倒下去，作长久的休息，把最后的一口气吐向我天天所从吸气的空中去，倒在父亲所从获得谷类，母亲所从获得血液，乳妈所从获得乳汁的大地上……”这说得多么自然，多么肃穆，多么雍容！

五、你没有敏捷的机智可以令人称赞。就算是这样吧！但是有许多别的品质你却不能说：“那是我生来所没有的。”那么，表现一下完全在你能控制之下的那些品质，如诚恳、尊严、耐苦、避免纵乐；不要怨命，要安贫知足，要慈爱、独立、节俭、严肃、谦逊。你看出没有？多少美德你现在大可以表现，无法诿诸先天缺陷或性格不合，而你却不肯尽力而为？难道你是被迫而不能不怨天尤人，贪婪无厌，甘心奉承，糟蹋身体，胁肩谄笑，大言不惭，心神不定，只因你是天赋如此？天啊，不是的！你早已就能摆脱掉这一切了，如果有错，错在认识不清、认识太慢。这一点你也应该凭着训练而加以纠正，不可忽略你的迟钝或自甘迟钝。

六、有一种人，在加惠于人的时候，希望对方要有回报。另一种人，虽不作此想，但在内心总念念不忘对方是他的债务人，总觉得自己做了一件好事。但还另有一种人，则行若无事，有如一棵葡萄树，一旦生出了一束葡萄，并不希望什么报酬，又好像是一匹跑完一段程途的马，一条追奔了猎物的狗，一只酿好了蜜房的蜂。他做好一件事，并不大声喊叫，只是默默继续去做第二件，就好像是葡萄树在适当的季节，再去生一束束的葡萄一般。

“那么一个人做事就应该这样的行若无事吗？”是的！不过他还是要明察自己所做的是什么事，因为一个真正有乐善好施的品德的人，一定要注意到他的这种品德是否已付诸实施。“那么他一定也愿他的邻人也知道他所做的事了。”你说的是很对的，但是你误会了我现在的意思；因此你也不免成为我上述的那些人之一，好像是推理正确，其实是误入歧途。不过你如果认为我方才所说的话有加以理解的价值，无需疑虑你会被诱导去忽略做任何有益之事。

七、亚典人有一个祈祷：“亲爱的宙斯，落雨！落雨在亚典人的田地和原野上吧！”根本不要祈祷，否则就这样简单而坦白地祈祷。

八、我们全都听说过：“爱斯鸠雷皮阿斯[①]曾为某人处方，要他练习骑马，或洗冷水澡，或赤足走路。”同样的我们也正可以说，宇宙之道也曾为某人处方，要他生病，或肢体不全，遭受亲属死亡，或其他类似的事。因为就前者而论，所谓“处方”其意义是这样的：他指定某某要如此做，以适合于他的健康；就后者而论，则是每个人所遭遇者乃是早已命中注定，以适合于他的命运。因为我们说事情“落”在我们头上，犹如泥水匠将墙或金字塔上的大块方石“落”在各个位置上，按照建筑计划而彼此协调。简言之，一切事物均有和谐，宇宙即是由一切物体集和而成一整体，所以命运即是由一切的因缘集和而成为一个总因；这道理就是最不善思维的人也承认，因为他们说：“他是命该如此。”既然此人命该如此，也可说是此乃对于此人之处方。那么我们接受我们的命运吧！就像是我们接受爱斯鸠雷皮阿斯的处方一样；老实讲，命运里也有许多“苦药片”，但是我们欢迎之，希望增进健康。

对于自然之道所认为于你健康有益的种种安排，即应作如此想，一切发生的事纵然有些不大适口，也要表示欢迎；因为那是适合于宇宙的健康，并且也符合宇宙本身的安宁。他不会令某一个人遭遇某一桩子事，除非那是对“整体”带来了福利。任何事物，决不会把不符合其本身利益的任何事物加诸于其所控制的任何事物之上。

有两个理由，使你安心接受你的遭遇：一，那是为你才发生的，是给你的处方，是和你有某种关联的，是命运中的一条线索，而且是在当初由于最古远的因缘而特别为了你而纺成的；另一理由，每个人的遭遇对于那控制宇宙的力量都是一种缘因，可以增加其福祉，助长其完美，甚至促使其延续不断。因为整体的完整性会受损害的，如果你把它的缘因或部分之连贯性稍稍加以割裂。你在抱怨的时候，你便是在尽力割裂它，使它归于破坏。

九、如果你的行为偶然地没有能从正义出发，你无需受良心谴责，无需沮丧不安；但是一度挫败之后，不可重蹈覆辙，不可以大部分行为尚无差误而自满，更不可自甘暴弃。不要回到哲学像回到教师面前一样，要像是眼痛的人去乞灵于海绵与蛋白，要像是一个病人借助于膏药与敷涤，你对于理性也应该这样地认为满足，而同时不要以服从理性而炫弄。不要忘记！哲学所要求的，正是你的本性所要求的；而你所要求的，却是不合于自然之道的。“是的，但是我所要求的正是快乐的极致。”唉！快乐使人灭亡，不正是因为这个缘故么？请看下面这些是不是更为使人快乐：心胸高超，卓立独行，朴素无华，慈悲为怀，生活圣洁。还有什么东西比智慧更能使人快乐，与你想起理解与知识的机能运用起来是如何的准确与圆融？

十、一般的事物都可以说是相当的神秘，许多哲学家，并且是非凡的哲学家，都认定是非他们所能了解的：甚至斯多亚派哲学家也认为难于理解。我们的感官的印象都可能是错误的，谁能永远不犯错误？我们再观察一下客观的东西，它们是何等的短暂！何等的无价值！很可能是属于一个宠仆、娼妓或盗匪的资产；再看看和你一同生活的人们，其中最有修养的都是令人难以忍受，至于自己是否能忍受自己就更不必提了。

在这样的黑暗龌龊之中，物质与时间如此不停地流动，一切的东西随着流动以俱逝，这其间有什么是真值得我们重视，能激起我们的一点点的野心，我真看不出来。相反的，一个人应该怡然自得地等候着他的解体，并且不必因迫不及待而烦恼，要以下述的两个念头安慰自己：“一个是：凡是与宇宙自然之道不相合的事物，绝不会降在我的头上；另一个是：凡是与神及我内心神明相反的事，我绝不去做。”因为没有人能强迫我去反抗的。

十一、“我现在是怎样地使用我的灵魂呢？”永远要用这句问话质询自己，并且要这样反省．我自己的一部分是大家所谓“理性”的，我对于我自己这一部分，是保持着怎样的一种关系呢？我所有的灵魂是何等样的灵魂呢？是一个婴孩的灵魂么？是一个青年人的灵魂么？是一个女人的灵魂么？是一个暴君的灵魂么？是一个家畜的灵魂么？是一个野兽的灵魂么？

十二、大多数人所认为好的东西，究竟是些什么，你可以从下面的探讨中发现出来。如果一个人认定某些事物确实是毫无疑问的好，例如智慧、节制、公道、勇敢，有此定见之后他便不屑去听诗人所说的“只因他拥有财富——”；因为那是毫无关涉的。但是，如果一个人先已决意追求一般人所认为好的事物，他便会倾听而且承认此一喜剧诗人的句子为适当，这一分别，任谁都可以明辨；否则，这一句话在前一例中便不会遭人厌恶，而我们却认为是有关财富及名利享受之适当的俏皮话。那么，进一步问：凡是可以利用诗人这句话“只因他拥有财富，以致无处可以安生”[2]来加以讽刺的人，其所拥有的事物，我们是否应认为是好的而加以推崇呢？

十三、我是由因缘与物质而形成的，二者都不会破灭而归于无，因为二者都不是无中生有的。所以我的每一部分，将要经过变化而成为宇宙的某一部分，然后再变成为别一部分，以此类推以至于无穷。我之所以存在，也是靠了这个变化的过程，我的父母也是一样的，如是向后推转以至于无穷。这个说法是全然正确的，纵然这个宇宙是按着循环的劫期而安排的。

十四、理性与理性的艺术，在本身上及其工作上，都是自足的天赋。从固有的原则出发，向着目标诚直前进。所以这样的行为便名为正当的行为，表示其为循着正路而行的。

十五、不合于人的身份的事物，不可称之为人的；那些事物不是人所需要的，人性不包括那些在内；那些事物对于人性之完成亦无助益。所以，人生之目标不可放在那些事物上面，帮着达成人生目标的方法（即所谓善）亦不可寄托在那上面。并且，如果任何这些事物是属于人的，他便不该蔑视而加以峻拒；如果他表示他不需要这些，此人便是不值得赞美的；如果这些事物是好的而他尚未具备，那么他也不能算是一个好人。不过，就事实而论，一个人越能摒弃或被剥夺这些以及类似这些事物，而能无所怨尤，他便越是一个好人。

十六、你时常怎样想，你的心灵便是怎样的模样，因为灵魂是受思想的熏染的。不断地用这些思想去熏染它：例如，在能生活的地方，便能生活得好；但是所谓生活乃是宫廷中的生活。噫！在宫廷里也能生活得好。再例如：一件东西，无论它是为了什么目的而被制造出来，总是要被带到那个目的去，它的终点即是它所要被带去的地方，并且它的终点之所在亦即是它的利益与它的好处之所在。对于一个理性动物而言，"善"即是与人和谐相处。我们是为了和谐相处而生，这一点早已交代明白了。低级的是为向高级的服务，高级的也是为彼此服务，这不也是很明显的么？生物是比无生命的事物为高，有理性的是比仅有生命的为高。

十七、追求不可能的事物，也是疯狂；但是恶人行事不可能不如此。

十八、一个人生来不适于担任的事，根本不会落在他的头上。别人和你有同样的遭遇，但是由于懵然罔觉，或是由于有意地要表示担当，他们坚定不移，竟无伤害。愚昧与虚荣竟会比智慧为更有力量，真乃怪事！

十九、一切事物靠了它的本身，绝不能一丝一毫地把持住灵魂，也不可能打进灵魂里去，也不可能转移灵魂；但是，只有灵魂可以转移它自己，它所下的任何判断乃是它所认为正确的，然后为了适合于那些判断，便从而安排它所控制下的一些外界的事物。

二十、从一方面看，人乃是对于我们最有密切的关系的；因为我们必须为他谋福利并且要容忍他；但是有些人却常妨碍我的正当行为；那么，对于我，人便变成为漫不相干的一件东西了，犹如太阳、风或一只野兽。虽然一个人可以束缚我的活动，实则我的主动和我的心理态度是不会受到束缚的，因为具有随机应变的力量之故。任何足以妨碍心灵活动的事物，都会被心灵一变而成为助长心灵活动之事物，障碍一变而成为助力，我们途中的阻碍反倒可以使其变为格外平坦。

二一、要珍视宇宙间那最美妙的东西，那即是利用一切控制一切的东西。同样的要珍视你自己内部最美妙的东西，那即是与前者颇为类似的东西。因为这利用一切的东西在你身里也有，你的生活便是被它统治着的。

二二、对公众无害的亦不能对个人有害。对于每一桩子有害的事均可以此衡量：如果公众未受损害，我便亦未受损害；但是如果公众受了损害，对于那个加损害的人亦无需愤怒，只消探询一下，他的错误是在什么地方？

二三、要常加思索，一切存在的事物以及即将发生的事物，其逝去到无踪无影，是何等的迅速。因为一切事皆如川流不息，其活动是不断地变化；其起因受无穷变化的支配，几无固定不变者；在我们身边的是无限的过去与张着大嘴的将来，一切的东西均在消逝于其间。在这种情形之下，一个人若是自鸣得意，或是感到困扰，或是觉得烦恼，好像那些恼人之事是长期永久的一般，这个人不是蠢吗?

二四、要记住那宇宙的本质，你不过是其极细小的一部分；还有宇宙的时间，你所分到的，只是其中很短暂的，几乎是片断的一段而已；还有命运，你的那一部分是何等的渺小啊!

二五、有人做了对不起我的事了么?这是他的事。他的脾气是他自己的，他的活动也是他自己的。宇宙的自然之道要我有的，我现在有了，我的本性要我现在做的，我就那样做。

二六、作你灵魂主宰的理性，不可被肉体的任何活动所骚扰，无论其为愉快的或苦痛的。理性不可和那些活动混在一起，要限制那些活动在其本身范围之内。但是一个单一的有机体是难以分割的，有时候肉体的动向会上升到心灵里面来，那么你便不可抵拒那感觉，因为那是自然的；不过要注意：你的主宰的理性不可参加意见，表示此项感觉是善的或是恶的。

二七、和神祇们在一起生活!一个人如果经常的向神祇表示他的灵魂对自己的命运完全满足，宇宙赋给每个人的主宰内心的神明，实即宇宙的一部分，其一切意愿亦均已照办，这个人便可以算是与神衹们在一起生活了——这所谓的神明亦即每人都有的理性吧！

二八、一个人腋间发狐骚臭，你会对他发怒吗？若是他患有口臭呢？你发怒有什么用？这人是有这样的一张嘴，是有这样的双腋。从怎样的来源就会发出怎样的气味。你也许要说："但是人是有理性的呀！稍微注意一下，他就会发现这是如何的令人讨厌。"我祝贺你！你也有理性。那么用你的理性的态度便可以引发他的理性的态度；启迪他，劝导他；如果他听你的话，你便可以治疗他，用不着发怒。

二九、你打算在离开尘世之后还要生活下去，当然在尘世之上你可以生活。但是如果人们不准许你活，那么你便是到了脱离生活的时候了，而临走时还不可露出冤屈的样子。"这里烟太多③，我要走开。"为什么要以为这是一件了不起的大事呢？但是在没有这种缘由赶我走的时候，我还是一个自由人，没有人能阻止我做我所愿做的事，而我所愿的都是适合于理性的，并且合群的人性。

三十、宇宙的理性是喜欢合群的，无论如何，它安排下的低级的事物，是为了高级的事物而设的，它又使高级的事物互相适应。你可以看得出来，它使得个个事物上下呼应，彼此协调，并且赋予每个以其应得的一份命运，使得较为美妙的事物彼此和谐相处。

三一、你一向是怎样对待神祇、父母、兄弟、妻室、子女、教师、导师、朋友、亲戚、家人？你敢说直到今天为止对待他们实实在在的是“没做过一件错事，没说过一句错话”[④]么？想想看，你所经历过的一切，你所忍耐过的一切；你的一生已告完成，你的任务亦已告结束；你看见了多少美丽的事物，你已经解脱了多少欢欣与苦痛，拒绝了什么样的野心雄图，以德报了多少怨。

三二、为什么没本领的和愚蠢的灵魂使得有本领的有知识的灵魂感觉惶惑不安呢？那么，什么样的灵魂才算是有本领有知识呢？那便是——能明察事之始终，能通晓遍布于一切物质之理，以及“用循环往复至于永恒”的“统治整个宇宙”之理。

三三、你命在须臾，不久便要烧成灰，或是变成几根枯骨，也许只剩下一个名字，也许连名字都留不下来。名字只是虚声，只是遥远的回响而已。我们生时所认为很有价值的东西实际上是空虚的、腐朽的、卑贱的，我们只像是彼此互咬的野狗，只像是哭笑无常的孩提。但是忠诚、谦逊、公道与真理，“已经从这三千大千世界飞往众神所居的奥仑帕斯山去了”。[⑤]那么还有什么东西使你在此留恋不去呢？——如果可感知的事物真是变化无常，我们的感官是如此的脆弱而容易陷入错误，可怜的灵魂本身也不过是血气的蒸发，世间的荣誉也不过是虚幻。那么，怎么办呢？安心地等待终局吧，不管那是断灭还是变化。但是在终局未到之前，该怎么办呢？除了敬礼天神，赞美天神，对人行善，容忍别人并且克制自己，还要长久记住：凡是这肉体的人生的以外的一切事物皆不属于自己，皆非自己所能控制，除此以外还有什么可为的呢？

三四、你可以把你的生活过得舒适如意；如果你走正路，如果你按照正路去想去做。神的灵魂，人的灵魂，以及一切理性动物的灵魂，有两个共同点：彼此各不相妨，而且承认公道，实行公道，不以私欲超越公道的范围。

梁实秋批注

在斯多亚哲学体系中，人的灵魂居在胸间，从血气的茂发中摄取营养，天上的星火也是同样的摄取地上的水气以为营养。另外，在“断灭还是变化”，这一点上，奥勒留好像从未能决定孰是。

三五、如果这不是我的罪过，也不是我的罪过的后果，并且公众利益也没受损伤，我为什么要为之惶惑不安呢？公众利益如何才能受损伤呢？

三六、不要漫不经心地被感官印象所误，要尽你的全力并且按照其应得之本分去帮助大家。如果在无关轻重的事物上遭遇挫败，也不要认为是有多大的害处；因为那是一个坏的习惯。像剧中的那个老年人一般，临行时，索还他的义子的陀螺，明知那不过是一个陀螺，你在这情形之下亦该如此。[⑥]你在演说坛上大声疾呼：人啊！你忘了这是什么意义吗？“是的，但是大家想要它。”难道你也就跟着大家变成了一个傻瓜吗？

好久以前我是个幸运的人，现在却不知是如何的败落了；但是所谓幸运的人乃是自己给自己安排幸运的人，所谓幸运乃是灵魂之良好的趋向，良好的动机，良好的行为。

梁实秋批注

奥勒留即位后就遭遇到战端四起的威胁。首先是一六二年战云起自东方。帕提亚人击溃了一整个罗马军团，侵入了叙利亚。L.维鲁斯奉命率军征讨，乱虽平而维鲁斯酗酒荒淫大失风度。在北方的边境亦复不靖，夸地等诸族皆叛。在罗马本境，由于L.维鲁斯所部自东方带来疾病及洪水泛滥，疯疬饥馑蔓延不休，民穷财尽，局势日非。奥勒留被迫出售私人所藏珠宝，筹款赈灾。此种困窘情形，在奥勒留在位之日一直继续存在。内忧外患，交相煎迫。所以奥勒留说他自己现在败落了。

注释

① 爱斯鸠雷皮阿斯（Aesculapius），罗马神话中之医神。

② 引自 Menander 的一个残篇。

③ 据 Gataker，这句话是指一句谚语：“有三种东西可以把人驱逐到室外——烟，屋顶漏水，好吵闹的妻。”

④ 引荷马《奥地赛》（IV，689）。

⑤ 引 Hesiod。

⑥ 这一节语意不明，陀螺的故事亦不知何所指。

卷六

一、宇宙的本质是驯良而柔和的；控制宇宙的理性是无意为恶的。因为它没有恶，不为恶，也没有任何事物受它的害。而且一切事物都被育化而生，并且按照它的指导而达成它们的任务。

二、要同样地尽你的责任，勿论你是冻得发抖或是温暖，沉沉欲睡或是睡眠已足，被人毁谤或是赞美，正在要死或是做其他的事。因为要死也是人生中的一件事。所以做这一件事的时候也要把当前的工作做好。

三、向里面看，不要忽略任何一件东西的特质或价值。

四、一切客观的事物不久即将变化，或是升华而成为宇宙本质，如其真是那种

梁实秋批注

奥勒留并不曾努力建立哲学体系，所以在《沉思录》里我们也不寻求一套完整的哲学。他不是在作哲学的探讨，他是在反省，他是在表现一种道德的热诚。

本质；或是就是飞散了。

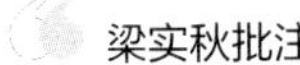

梁实秋批注

第欧根尼在答复一个人的疑问“我将如何报复我的敌人？”时，答说：“以君子之道自持。”勿“以怨报怨”之意也。此句与奥勒留勿效法敌人意义相似。

五、那控制一切的“理性”，知道它自己的意向，它的作为，以及它工作所需的媒介。

六、最好的报复方法便是勿效法敌人。

七、只可在一件事上取得快乐与安息——行善又行善，全心地想念着神。

八、控制一切的“理性”，能自动亦能转变，能随意使自己成为任何形状，亦能使任何发生之事物，好像即是它之所愿望的。

九、每一件事物之完成，都是按照宇宙的自然之道的。因为一定不是按照任何其他的一番道理而完成的，既不可能是包涵着宇宙之外在的道理，亦不可能是被宇宙包涵在里面的道理，更不可能是这两者之外的独立的道理。

十、宇宙或是一团混沌，杂乱无章，或是一个单一体，有规律、有主宰？如果前一说为是，为什么我会愿意居住在这样的偶然的混乱里面呢？除了终归有一天要“归于尘埃”之外，还有什么别的事，值得令我顾虑呢？为什么要烦恼呢？无论我要如何，终归是要有一天归于幻灭。如果后一说为是，我只好虔诚礼敬，脚踏实地，信任那控制一切的力量。

十一、当你的环境好像是强迫你烦恼不安的时候，赶快敛神反省，切勿不必要地停留在那不和谐的状态之中。不断地返回到内省和谐的安静，你便可得到更大的控制力量。

十二、如果你同时有一个继母一个亲娘，你会相当地孝顺你的继母，但是你会时常地投入你的亲娘的怀抱。朝廷与哲学现在便是你的继母与亲娘。要时常地回到亲娘那里去获得你的安宁，这样你便可以较能容忍你的朝廷生活，你的朝廷生活也可以较能容忍你。

十三、膳食是罗列当前的时使，我们不免要想，这是一条鱼的尸体，这是一只鸟或猪的尸体；这白葡萄酒不过是一束葡萄的汁浆，这紫袍不过是在蚬血里染过的羊毛；所谓性交，亦不过是体内的消耗和一阵阵的分泌黏液而已——看穿了一切事物的本来面目，不过如此，你一生便该永久保持这种警觉，一切事物都好像是非常美妙动人，要把它们剥得赤裸裸的，看看它们真实的可怜相，剥去它们的传统的尊严。因为外貌最善骗人，你自以为正在从事有价值的事情的时候，你是在受骗最烈。无论如何，想一想克拉蒂斯[1]关于赞诺克拉蒂斯[2]所说的话。

十四、普罗大众赞颂的事物多是最一般之物，它们或由物理关联凝结在一起（如石头、木料），或因自然单位凝结在一起（如无花果树、葡萄树、橄榄树）；具有较高素质的人赞颂的事物，是由有意识的生命凝结在一起的（如羊群、兽群）；那些更为优秀的人赞颂的事物，则是通过理性的灵魂凝结在一体。这里所说的理性还不属于普通理性的一部分，而是指在以某种方式掌握一门艺术或技术的意义上，或者仅仅就拥有一群奴隶而言是理性的。然而，那高度看重理性、普遍、具有公民素质的灵魂的人，却只关心以下诸事：他自身的灵魂理性而合群，那些事物便处于这一灵魂及其活动之中，为此目的，他会与自己的同侪携手合作。

十五、有些个东西忙着出生，有些东西忙着消逝，有些正在出生的东西，其中某些部分则同时已经凋谢。流动变迁使得这个世界常新，恰似那永无间断的时间的进行，使得万古常新。在这川流不息之中，一切的东西都从我们身边旋转飞过，不得片刻停留；其中有什么东西值得令一个人那样珍视呢？那和一只身边掠过转瞬消失的麻雀发生恋爱毫无异致。事实上，一个人的生命本身只是血气的蒸发和空气的吸入。我们每一刻都在吸一口气到肺里然后又吐出来，人生亦然，昨天或前天你在生时禀受了吸气的本领，有一天你又把它放回到它原来的地方。

十六、我们所该宝贵的，不是内部蒸发作用，像植物所有的那样；也不是呼吸作用，那是我们与牛羊野兽所同有的；也不是经由感官而获得的印象，也不是我们被冲动所牵引有如傀儡一般，也不是我们的合群的本能；也不是我们营养的需要，因为那不过是排除我们的食品的废料。

那么该宝贵的是什么呢？鼓掌么？不，也不是喝采，因为大众的赞扬正无异于鼓舌，所以无聊的名誉是不值一顾的。还有什么可宝贵的呢？我的想法是这样的：我们的举止动静，应以我们自己的生活体质所需要的为限，一切的职业与技艺均应以此为目标。因为每一种技艺的目的便是，每一件东西之制作必须适合于其所预备担任的工作——种葡萄的人之照顾葡萄；驯练马的人、养狗的人，都是如此；照管儿童与教育方法，也是抱着这样的目标；可宝贵的东西即在于是！

一旦你有此决定，你将不再另有他求。你不能停止珍视其他许多东西么？那么你便不能获得自由，也不能知足，也不能不被欲念所动。因为你必定是要充满了艳羡嫉妒之情，猜疑那些能夺去你这许多东西的人们；对于拥有你所珍视的东西的人们，你也不免要动阴谋邪念。简言之，一个人如果还需求那些东西，其心理必定不能和谐安宁，而且有时还要抱怨上天。但是如果你珍视你自己的心灵，则必然能怡然自得，与人无争、与天神和谐；换言之，感激上天的一切给予与安排，这才是你该珍贵的！

十七、在上面，在下面，元素在团团转。但是美德的活动却不在这里面。那是些较为神圣的智慧真理，沿着一条神秘的途径安然向前进行。

十八、人的行径好奇怪！一般人都吝于称赞跟他们同时的人和他们的伙伴，而他们自己却非常注意后人的赞美；所谓后人是他们从未见过的或永远见不到的人。这与你因前人未称赞你而感到悲哀，并无二致。

十九、你自己觉得某一件事颇为棘手，莫以为别人也必无法处理；不过任何事，凡是一个人可以做到的，而且是合于人性的，你要认为你自己亦可以做。

二十、假设在竞技场上，一个比赛者用他的指甲划破我们的皮肤，并且用他的头猛撞我们一下，我们不会抗议的，也不会生气的，更不会疑心他将来要害我们。可是我们还要随时注意他，不是拿他当作敌人，也不是对他怀着疑忌，而是善意地躲避他。在生活中的人际互动里，你也应该采取同样的态度；人与人相处就像是参加竞技一样，我们须要多方容忍。躲避永远是可以办到的，既不猜疑亦不嫉恨。

二一、如果任何一个人能切实地证明我的某一想法或某一行为是错误的，我将改过而且感激他。因为我寻求的是真理，没有人能为真理所伤害。但是一个人若执迷不悟有过不改，则真是受伤害了。

二二、我尽我的责任，其他在所不愿。因为那些不过是没有生命的，或没有理性的，或误入歧途的。

二三、对于没有理性的生物，以及一切情况和客观事物，你要保持慷慨仁慈的态度，因为你有理性而他们没有。但是人是有理性的，所以更要以友爱的态度待他们。在任何时候都要求助于神，不要以下述的疑问来烦恼自己：“我这样做下去还要做多久呢？”因为能这样做，只要几小时，也就足够了。

二四、马其顿人亚历山大和他的马夫被死亡送到了同一境界，不是同归于宇宙之原始的理性，便是同被散播到原子群中间。

二五、试想在一瞬间有多少事情发生？或与我们的身体有关，或与我们的灵魂有关；所以不要诧异，如果有更多的事物同时存在，至于存在于所谓宇宙整体内的一切事物就更不消说了。

梁实秋批注

奥勒留在此节所提出的两种死后归宿答案，前一种是斯多亚派哲学家的主张，后一种是Epicurean派的主张，奥勒留本人是不同意后者的。

二六、如有人问你：“安东尼这个名字怎样写法？”你是不是要用力地把每个字母说出来？如果他发脾气，你是否也发脾气？你会不会温和地再把每个字母说一遍？人生亦是如此，每一项责任乃是若干琐节的总和。必须注意那些节目，摆在你前面的那些节目必须要有系统地逐项去做好，别人对你发怒而你必须沉着应付，不可报以愤怒。

二七、不准许人们追求他们心目中认为适意而有益的事物，那实在是太不可容忍了！可是你因为他做错事而愤懑的时候，你就会不准他这样做。无疑地他们是情不自已地去做他们认为适意而有益的事。“但是他们是错误的”。那么，就教导他们，启迪他们，而不要愤懑。

二八、死于从感觉印象中获得解放，也是从使我们成为傀儡的冲动中获得解放，也是从对肉体所服的劳役中获得解放。

二九、在生活中，肉体尚未屈服而灵魂先行屈服，那是一件耻事。

三十、要当心不要变成为一个恺撒，也不要沾染那种色彩，因为有那种可能性。所以你要自勉做一个单纯而善良的人，纯洁，严肃，平易，爱好公道，敬畏天神，宽厚，仁爱，勇于负责。永远要努力保持哲学所要把你熏陶成的典型，敬神而爱人；人生苦短，留在世上只有这个是唯一的收获，虔诚的性格与仁爱的行为。

凡有所为，要像是安东尼的信徒[③]。要记住他是如何坚定不移地做一切合于理性的事——他的无例外的公平，他的虔诚，他的面目之严肃，他的性格之和蔼，他的轻视浮名，他之热心于真实了解一般的事物。在未彻底考察与清晰了解以前，他绝不轻易放松一件事；有人对他无理挑剔，他一律予以容忍，绝不反唇相讥；他永远从容不迫；他不听信谎言；他考验人的品格与行为是如何的审慎周详；他不怪罪别人，他不怯懦，不多疑，不是诡辩者，在房屋、床寝、衣服、食物、仆婢，各方面是多么简单朴素；他多么喜爱工作，多么吃苦耐劳。由于饮食简单他能从早到晚地工作，除了正常的时间之外不需要任何休息；对朋友他是何等的忠实，而且长久不渝；对公然反对他的见解的人他能忍耐，若有人能指出较佳的见解，他是多么欢喜；他是多么敬畏神明而又不迷信。注意这一切，你临终时便会和他一样地心地光明而宁静。

三一、再醒来一次恢复你的知觉吧！你方从睡中起来并且发觉困扰你的原是一场梦幻，那么你现在就快醒醒吧！面对现实就如同你曾面对梦境那样。

三二、我有躯体与灵魂两部分。对于躯体，一切事物是不相干的，因为它不能和那些事物有何关涉。但是对于心灵，只有非由其本身活动而成的事物才是无关涉的；而一切由其本身活动而成的事物则又在其本身的支配下。虽然如此，也只是与现在的事物有涉；至于过去与未来的心灵活动，则又立刻是属于不相干的事物了。

三三、手或脚感觉酸痛并不能算是破坏了自然之道，只要脚还能做它所该做的工作，手还能做它的。同样的，苦痛对于一个人，当作一个人来看，也不能算是一件不自然的事，只要他还能做一个人所该做的事。既不是不自然的，那么也就不能算是一件罪恶。

三四、强盗、娈童、弑父者、暴君，想一想这些人的快乐，都算得了什么！

三五、你一定注意过，一个有技艺的人，在某种程度之内是可以对“外行人”让步妥协的，但是他的技艺之基本原则是一定要坚持的，绝不能有丝毫偏差。建筑师、医师对于他们本行的基本原则都非常尊重，一个人对于“与天神所共有的”他自己的理性，反而不知尊重，那不是怪事吗？

梁实秋批注

古代两个小故事可以说明艺术家的独立性。Stratonicus曾对在音乐上持异议的Ptolemy说：“陛下的双手也许是适宜掌握国王的宝杖，但不适宜于竖琴。”Apelles对廷臣Megabyzus说：“你看你这些孩子们在调和颜色！他们被你身上的紫色金光所吓倒了，只要你不要开口。”

三六、亚细亚、欧罗巴，不过是宇宙的一角；整个的海洋不过是宇宙的点滴，阿陀斯山[④]不过是其中的一块泥土；现在不过是永恒中的一点；一切事物都渺小得很，这样容易改变，这样容易消灭。

一切事物都来自一个源头——从那主宰一切的宇宙

理性而来，或是直接地从那里发生出来的，或是间接的果。所以狮子的巨嘴、毒物，以及一切讨厌的东西如荆棘与泥泞，都是雄伟的与美丽的东西的后果。不要把这些东西看作为与你所崇敬的东西截然不同，应该回心想念那万物同一之源。

三七、一个人看出现在是什么，便是已经看出了亘古以来的一切，以及至于永恒的将来的一切；因为一切事物皆是同一来源，同一面目。

三八、要常常地默想宇宙间一切事物之亲密的结合与相互的依存，因为一切事物都是互相牵连的，所以一切事物彼此相爱。这些事物彼此之间是有因果关系的，由于它们的收缩与扩展的动作，融贯其间的共感共鸣，以及一切物质的统一性。

三九、适应你命中注定的环境，爱你命中注定所要遭遇的人，而且是要真心地爱。

梁实秋批注

斯多亚派学者们假设宇宙间有两种力量，也可说是两种运动的形式，一个是使稀薄，一个是使浓缩；后者是内向的，是一切事物形成之原因，前者是外向的，物质的品质由是而生。

四十、每一工具、器械或器皿，都是好的，如果它能达成原来创造它时所要达成的任务。虽然原创造者不在身边，但是与自然合而为一的东西，创造的力量就在其中而且常驻于其间。所以你应该格外尊崇它，并且要了解如果你的生活与行为都能与它相符合，则一切称心如意。同样的宇宙万物亦可使它称心如意。

四一、凡是你自己所无从选择的事物，如果你以为其中某一件对你是好的，某一件对你是坏的，那么一旦遭遇了一件坏事或错过了一件好事的时候，不可避免地你要怨天尤人，认为那必是或可能是致祸之由；而事实上常是我们自己犯了错误，因为是我们自己硬把价值观念加在事物上面。如果我们分辨善恶，只在对于我们自己所能控制的事物而言，则我们就不会有机会怨天尤人了。

四二、我们都是想要完成一个目标的共同工作者；有些人是有意识的有知识的，另有些人是盲目的。我想希拉克利特斯（Heraclitus）说得好：“人就是在睡的时候也是工作者”，也是这世界中一切正在进行中的事物之共同执行者。一个人协力做这件事，另一人协力做那件事，一个人即使是在口出怨言，或是企图妨碍，或者从事破坏，他也是在大量地协力帮忙；因为宇

梁实秋批注

古希腊作家普鲁塔克（Plutarch）在《论迷信》一文里记载着希拉克利特斯另一条正相反的意见：“在醒着的时候，一切人都是同处在一个宇宙里，但是睡眠的人则立刻进入他自己的世界里去。”

宙也需要这样的人。你自己是哪一类工作者？要由你自己决定。主宰宇宙的神明，在任何情形之下都要好好地利用你的，并且在共同工作者之间给你一个位置。但是要注意，不要成为克利西波斯（Chrysipus）[⑤]所提起的那种猥琐而滑稽的剧中角色。

四三、太阳会担任起降雨的任务吗？医药之神（Asclepius）会担任起五谷之神的任务吗？各个星辰又是如何呢？他们是不是各有千秋还是和衷共济同赴一个目标呢？

四四、如果天神为了我和我所遭遇的一切都作过一番打算，无疑地他们打算得很好；因为天神而无智慧，那是难以想象的事，并且他们怎么能蓄意要害我呢？这样做对他们以及他们所特别眷顾的宇宙又有什么好处呢？如果他们对我个人并未作任何特殊打算，至少为了宇宙的利益总是作过一番打算的；我也应该欢迎，并且充分利用与这宇宙利益必然有关的一切事物，如果他们根本并未作过任何打算，这是一个很不虔敬的想法——老实讲我不必再作任何献祭、祈祷与誓约，凡是承认神与我们同在的一切表示也可不必做了。果真如此，神既不为我们打算，我还是可以为我自己打算的，我要为我自己的利益而考虑——凡合于各人的体格与性格的，都是合于他利益的；不过我的本性是理性的、合群的：我是安东耐诺斯，我的城市与国家便是罗马；作为一个人，则全世界是我的家。对于这些组织有益的事，只有这些事，都是对我有利的。

四五、个人所遭遇的一切，都是对于整个宇宙有益的，这话当然不错；但是更细心观察一下便可发现——一般而论：对于一个人有利的对另一个人也是有利。不过所谓“利益”一词应从广义解释，因为它也应用在一般非善非恶的事物上。

四六、剧场或类似的地方以同样的节目上演，日久便令人生厌，整个的人生亦必有同样的效果。因为从上至下一切一切都是些同样的东西或同样东西的结果，可是每一个人生又会有多么久呢？

四七、要常常记取：各种各样的人，各种行业的人，各个民族的人，都死了；一直要想到 Philistion，Phoebus 与 Origanion[⑥]，现在再想想其他的人。我们最后必须要经过一个边界，这边界从前许多人都经过的；许多动人的雄辩家，许多严肃的哲学家，希拉克利特斯，皮塔哥拉斯，苏格拉底也都去了，许多古代英雄，许多战士，许多后来的暴君，此外还有 Eudoxus，Hipparcpus，Archimedes[⑦] 及其他特出的天才，慷慨的豪杰，辛劳的工作者，多才多艺者，意志坚强者，甚至对于这短暂易毁的人生加以嬉怒笑骂者，如曼尼波斯（Menippus）[⑧] 及其他。关于这些人，要想想他们早已长眠千古。有什么还能伤害他们？至于无声无臭的无名之辈，更有什么能伤害他们？尘世间只有一桩有价值的事——在真理、公道下，及对说谎者和不义的人们之一片慈祥中安然度过一生。

四八、你如欲鼓起欢欣的心情，你可以想想你的伙伴们的优点；

例如，这一个精力过人，那一个谦逊有礼，另一个慷慨好施，还有一个另有特点。和我们生活在一起的人，从他们的性格上反映出来的美德尽量地呈现在我们眼前，那乃是最令人愉快的事；永远要把这些印象留驻在你的目前。

四九、你并未因为体重若干磅或不及三百而感觉苦恼，是不是？那么，你只能活若干年，不能再多，为什么要苦恼呢？你对于所能得到物质的数额感觉满意了，那么对于时间的限度也可以知足了。

五十、先要试行劝说；纵然大家都不赞成，你还是要按照公道的精神所指示的那样去做。如果有人以武力阻止你，你也要保持宁静而不愤懑，并且利用这一次挫折去表示另外一种美德。要记住你的企愿是要受环境限制的，你的目标原不是去做不可能的事。你要做的是什么呢？就是要感觉到你所曾感觉到的那个企愿。在这一点上你已经成功了，在我们所能选择的范围以内的事已经实现了。

五一、爱好虚名的人是认定别人的行为便是他自己的幸福。爱好享乐的人是认定他自己的感觉便是幸福，但是拥有智慧的人则认定自己的行为才是他的幸福。

五二、关于一件事物我们无需要有意见，不必为此自苦，因为自然并未赋予那件事物以任何权力来强迫我们下一判断。

五三、训练你自己细心听取别人讲话，尽可能地深入他的内心。

五四、对于蜂群无益的事，不可能对于一只蜜蜂有益。

五五、如果水手们骂舵手，或是病人骂医师，除了那个人应如何确保全船的安全或获致病人的健康。他们心中还能有什么别的事?

五六、和我一同进入这个世界的人，其中有多少已经离去!

五七、对于黄疸病患者，蜜是苦的；患恐水病者见了水就怕；对于儿童，一只球便是宝贝。那么为什么要发怒呢?你是否以为错误判断之对于一个人，比胆汁之对于黄疸病患者或病毒之对于恐水症患者，为一力量较弱的因素?

五八、没有一个人能妨碍你使你不能按照你的本性去生活；没有一件违反宇宙自然之道的事情会落在你的头上。

五九、一般人想要巴结的人，他们想要获得的目标，他们所使用的手段——想想这一切的性质！时间多么快地就要把一切吞没！多少事物它已经吞没了！

注 释

① 克拉蒂斯（Crates），纪元前四世纪 Thebes 的一位犬儒学派的人。

② 赞诺克拉蒂斯（Xenocrates）是 Cholcedon 人，396 B.C.—314 B.C.，哲学家。克拉蒂斯对他所说的是什么话，不详。

③ 此安东尼是指奥勒留的继父安东尼·派厄斯。

④ 阿陀斯山（Athos）是爱琴海北部的一个山岬。

⑤ 克利西波斯（Chrysippus，280 B.C.—207 B.C.），是斯多亚派系统哲学之创立者，他所说的与此有关的话曾被普鲁塔克记载在他的 *De Communibus Notitiis* 里，如下："诗人们把荒谬的笑话写进他们的喜剧里，其本身固然琐屑不足道，但对于整篇作品却带来一种美妙，同样的，罪恶本身固属可厌，但对于非罪恶的部分仍然有其用处。"

⑥ 这三个名字是最近才死去的人。

⑦ Eudoxus，纪元前四世纪著名天文家。Hipparcpus，纪元前二世纪"天文学之父"。Archimedes（287 B.C.—212 B.C.），古代最著名数学家。

⑧ 曼尼波斯是犬儒学派哲学家。

卷七

一、什么是邪恶？那乃是你常看到的事物。对于任何发生的事情，都要存着这样的感想："这是常见的事物。"向上看，向下看，到处你都会发现同样的事物；古代的、中古的、近代的历史都充满了这种事物；并且在现今城市里与房屋里也充满了此种事物。太阳之下没有新的事物。一切事物都是常见的，一切事物都在消逝。

梁实秋批注

人生中除了美德便是无所谓善，除了罪恶之外无所谓恶。所谓美德，主要有四：一是智能，所以辨善恶；二是公道，以便应付人事；三是勇敢，借以终止苦痛；四是节制，不为物欲所役。外界之事物，如健康与疾病，财富与贫困，快乐与苦痛，全是些无关轻重之事，全是些供人发挥美德的场合。凡事有属于吾人能力控制范围之内者，有属于吾人不能加以控制者，例如爱憎之类即属于前者，富贵尊荣即属于后者。

二、你的信条如何能变成为死的呢，除非是与那信条有关的观念先行消灭？而如何鼓舞那些观念使之炽盛，则完全有赖于你自己——我对于一件事物能够作一正确的概念。

果能如此，我又有何忧虑？在我心灵范围以外的事物，与我的心灵毫无关涉。了解这一点，你便可昂然直立。你能开始一个新生活，只消你像从前观察事物那样再重新观察一次；新生活即在其中。

三、无聊的赛会，舞台剧，牛羊群，武术表演，一根骨头掷给巴儿狗，面包屑洒在鱼池里，蚂蚁之劳碌奔波与背负重载，受惊的小老鼠之仓皇逃走，线牵的傀儡：你置身在这样的环境之中，要心平气和，不可盛气凌人，你必须要了解，每个人的价值是和他所感兴趣的事物的价值可以等量齐观的。

四、在谈话中要注意所说的话，在行动中要注意所做的事。在后者中要于开始时洞察其所能引起的结果，在前者中要小心地把握其含义。

五、我的心灵能不能做到这一点呢？如果能，我就把我的心用在这件事上面去，这心好像是宇宙自然所赋给我的一个工具。如果不能，我或是退出这件工作，让能做得较好的人去做，除非为了别的理由不许我推诿责任；或是尽力而为之，乞援于一个能利用我的理性去做切合时宜并有益公众利益事业的人。因为无论做什么事，独自去做或是与人合作，必须全神贯注于这一个目标，那便是这事情必须与公众利益相符合，而且与之协调。

六、多少备受赞扬的英雄们都已令人忘怀了，多少赞扬他们的人也都已消失了！

七、不要羞于受助，因为你必须要像一个攻城的士卒一般去从事加在你身上的工作。那么，如果为了跛足的缘故无法自己爬上墙堞，或者若有人帮助便可以爬上去，将如何做比较好呢？

八、不要为将来担忧。如果你必须去到将来，你会带着同样的理由去的，恰似你带着理由来到现在。

九、一切事物都是互相纠缠的，这个结合是神圣的，几乎没有一件事物不与另一件事物相关联的。因为所有的事物都是经过编排，共同协助组成一个有秩序的宇宙。因为只有一个集合众物而成的宇宙，并且只有一个遍存于万物之间的神明，只有一种本质，一部法则，一个理性之伦所共有的理性，一个真理：来自同一根源拥有同样理性的有生之伦，也可以说是只有一个至善之境。

十、在短期间，一切物质的东西都消逝在宇宙的本质之中；在短期间，一切形式都归返到宇宙的理性里去；在短期间，一切的怀念都被吞灭在永恒里边。

十一、对于一个有理性的人，同一件行为乃是既合于自然又合于理性的。

十二、要本身正直，不要被作成为正直。[①]

十三、肢体与躯干联合起来成为一个有机体，其原理同样地可以适用于理性的人，分则为一个个的单人，而其构造则是为了通力合作而设。如果你对你自己说：我是理性的人们有组织的整体之一肢，你对于这个看法可以得到一个更深刻的了解。但是如果你说你只是其中的一部分，你还不能算是由衷地爱人类，你还不是为了行善的本身快乐而快乐——你行善只是为了尽义务，而不是为了对自己有益。

十四、任何外界的事物，如果它愿意，尽管降临在能感觉到其影响的各部分之上。有感觉的各部分，如果它高兴，也尽管发出怨声。但是我，只消我不认为降临在我身上的是邪恶，我便是未受伤害；我可以这样的不认为其为邪恶。

十五、别人随便怎样说怎样做，我自己总是要做好。就好像是一块翡翠——或是黄金或是紫袍——总会一遍一遍地重复说：“不管别人怎样说怎样做，我终归是一块翡翠，我要保持我的颜色。”

十六、理性永不搅乱其自身的宁静，换言之，永不使其自身陷于欲望。但是如果另外一个人能使自己发生恐惧与苦痛，让他尽量去做吧。理性本身绝不会想入非非的。

肉体要好好地照料它自己，如果它可以，以免受到损害；如果受到损害，便要把这事实宣布出来。但是灵魂——它能感觉恐惧与苦痛，并且是唯一的判断恐惧与苦痛之存在者——却永远不会受到损害；因为它不会作此种之承认。

理性本身无所需求，除非是它自己创造需要；同样的，没有什么东西能扰乱它，没有什么东西能妨碍它，除非是那扰乱与妨碍来自它自身。

十七、幸福即是好福气，也可说是好理性。你在这里做什么？啊！你在幻想？我以神的名义为誓，请你走开，回到你的原处，因为我不需要你！但是你按照你的旧习惯又来了。我对你并无恶意，只是请离开我！

十八、一个人怕变化吗？噫！除了靠变化，什么东西能生出来呢？什么事比变化是对于宇宙的本质更接近、更紧要呢？你能吃东西吗？如果食物不经过变化。离开了变化，人生各种需要能加以供应吗？你还不明白吗？一个人的变化也是一样的，对于宇宙的本质也是同样必需的。

十九、在宇宙本质中，恰似在一条奔流里，所有的躯体都被挟以俱去，与整体融而为一，并与之合作，恰似我们的肢体之互相协调。

多少个克利西波斯[②]，多少个苏格拉底，多少个埃皮克提图[③]，都已被时间所吞噬！无论对付什么人，无论遭遇什么事，永远要想起这一点。

梁实秋批注

有人以为此处连举克利西波斯、苏格拉底和埃皮克提图三个人名是暗指一项特殊的学说，即世界每周期轮转一次，同样的人物与事情便重复出现一下。

二十、我只关心一件事，我不要做人的本质所不允许做的事，或现在不允许做的事，或不允许做的那种方式。

二一、在短期间，你就会忘怀一切；在短期间，一切也会忘记你。

二二、连误入歧途的人我们都会爱，这乃是一个人的特殊权利。只要你想一想，他们和你是同一族类，他们不是故意做错事，乃是由于无知，而且在短期间他们和你都要死去，想到这里爱便会油然而生；尤其是，这人对你并无损害，因为他并没有使你的理性比以前变坏。

二三、宇宙从宇宙的本质当中，就像从蜡当中一样，时而塑造出一匹马，然后又打破这塑型，又捏成为一株树，然后又捏成一个人，然后又捏成为其他事物；每一塑型仅能在短期间内存在。打破一只箱子，和装制一只箱子，都是一样的没有什么可以令人感动的。

二四、脸上的怒容是极其不自然的，怒容若是常常出现，则一切的美便立刻开始消失，其结果是美貌全灭而不可复然。职是之故应该得一结论，那是与理性相违反的。做了错事而自己还不知不觉，活下去还有什么意思？

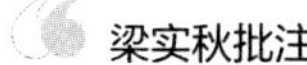

> 奥勒留最不赞成发怒。我们不必愤怒。如果非愤怒不可，也要控制那愤怒，使发而中节。佛家把“瞋”列为三毒之一，“瞋心甚于猛火”，克服瞋恚是修持的基本功夫之一。

二五、控制宇宙的自然，会改变你所见的一切事物；没人知道多快就要改变，从它的质料中造出另外的混合物，然后再改造成别的混合物，使世界推陈出新，常葆青春。

二六、有人错待你了么？立刻想一想，促使他做这错事的乃是由于他对于善与恶自有一番见解。那见解究竟是怎样的见解，对这见解一经了解，你便会寄以同情，而不是惊讶愤怒。因为你自己对于善与恶的见解和他的正是相同，或是相差不多，所以你必须要原谅他。但是如果你对于善与恶的见解不是如此，那么你对陷于错误的更该宽恕。

二七、你所没有的，不要梦想为已经属于你了；你所有的，只可眷恋其中最好的一部分。不要忘记，那些东西如果尚未属于你，你将如何的艳羡。可是要小心，也不可习于耽乐，以至于一旦失掉了它们而感觉苦恼不堪。

二八、过一种独居自返的生活。理性的特征便是对于自己的正当行为及其所产生的宁静和平而怡然自得。

二九、摒绝幻想！不要再成为被情感所牵线的傀儡。把自己隔绝在现在这一阶段，了解你所遭遇的或别人所遭遇的，把你所知道的一切事物剖析而为形式的与实体的。想一想你的末日。如有人做了什么对不起你的事，你不用介意，让做那事的人去介意。

三十、尽全力注意所听到的一切。洞察一切结果以及造成那结果的因由。

三一、脸上要露出纯朴的精神，谦恭的态度，和对于介乎美德与邪恶之间的事物不加理睬的样子。爱人类，追随神。昔哲[④]有云：“一切事物皆有一套法则支配着，但是老实讲这只是指元素而言。”但是记住一切事物皆由法则支配就够了；这是够简单的了。

梁实秋批注

斯多亚派哲学最近于宗教。在罗马，宗教是非常简陋而世俗的，人们有所祈求则陈设牺牲、匍匐祷祝，神喜则降福，神怒则祸殃。真正的宗教信仰与热情，应求之于哲学。

三二、关于死，如果宇宙是原子所积成的，死便是原子之离散；如果宇宙是一个单个的整体，死便是断灭或形态的变化。

三三、关于苦痛，如不可忍受，它会毁掉我们；如果只是延续不断的痛，那便是可以忍受。如能把心收敛，心的宁静仍可保持，而且理性并不受任何损伤。至于被苦痛所损伤的各部分，让它们爱说什么就说什么好了。

三四、关于光荣，看看追求光荣者的心，他们的特征、野心、憎恶。还要记住，恰似海里的沙不断地在冲积，把以前的淤积给埋覆了，人生亦是如此，以前的东西很快地就被后来者所埋没。

三五、〔引录柏拉图语：〕[5]“你以为一个人有了高尚的灵魂，对于时间与一切物质有了整个的看法，还会把人生当作什么很严重的事吗？‘不会的！’他说。那么他还把死当作一件可怕的事吗？‘一点也不！’”

三六、〔引录安蒂斯特尼斯语：〕[6]“行善而受谤，这乃是帝王的本分。”

三七、面容由心支配，由心得到它的形貌与气色，而心不能支配自己的形貌与气色，那是可耻的。

三八、对东西发怒是无益的，因为它们毫不介意。[7]

三九、给神明与我以快乐。[8]

四十、生命像成熟的谷一般被刈割。一批倒下去，一批又生出来。[9]

四一、如果神明遗弃我和我的两个儿子，其中也必定有个缘故。[10]

四二、公道与幸运会站在我这一面。[11]

四三、不要随着别人恸哭，不要纵情发狂。[12]

四四、〔引录柏拉图语：〕“我可以充分地答复这样的一个问难者：你错了！如果你以为一个有点价值的人会斤斤计较生死，而不关怀自己所作所为是否公正，是否良善？”[13]

四五、亚典人啊，这才是真实情形：一个人无论是被放置于最合己意的地方，还是被他的主宰者置于某地，在我看来，他都应该安心留停，坦然面对，除荣誉之外不应考虑死亡或其他任何事。

四六、但是，我的好朋友，请想一想，高尚而善良之事是否不在于救人与被救，而别有所在？一个人，如果配称作为一个人，是否应该把生命之长短完全置诸度外，不苟且贪生，一切交给上天，服膺女人们的一句谚语“人不可与命争”，并且从而考虑：在他有生之年，当如何以最佳方式度过他的岁月。[14]

四七、看星体运行，好像你自己也在随着转动一般；并且时时地想着元素之交相变换，因为这样的念头可以洗刷掉尘世生活的污秽。

四八、柏拉图的这话实在说得好。[15]评论人事的时候，应该超然物外，居高俯瞰世间的一切，诸如熙熙攘攘的人群，军队，耕作，婚姻与离异，出生与死亡，法庭的喧嚣，沙漠的寂静，各种野蛮民族，其宴乐、哀伤与市集，一切的纷纭杂陈以及矛盾事物之有秩序的并列。

四九、想想以往的旧事，无数的朝代交相嬗递。你也可以展望将来，将来一定也还是这个样子，因为它一定会要继续现存事物的节奏。所以我们所能见及的生命，是四十年还是一万年那是没有分别的。还有什么别的可看的呢？

五十、尘世间生长的还归于尘世，泥土还原于泥土；天上生的，很快地会回到天上去[16]；这便是说，这或是密集的原子瓦解了，或者是无知觉的元素散开了，意义是差不多的。

五一、还有：

带着酒与肉以及离奇的魔法，避开川流，以求远离死亡。当来自天国的风景击打着我们的轻舟，也击打着橹桨，我们必须埋头苦干，毫无怨言。[17]

五二、一个人可能比你更善于摔跤，但是不见得就更富于服务精神或谦恭的态度，或更善于临机应变，或更能体谅邻居的缺点。

五三、凡是能根据人神共有的理性而完成的工作，其中没有什么可恐惧的。因为我们循正路行事，满足自身的要求，我们必可得到福利，不会遭遇什么伤害。

五四、在所有的时间，在所有的地方，作为一个崇奉众神的信徒，你要满足于现状，要公正地对待你的现有的邻人，要小心翼翼地护持你的意念，以免未经印证的念头偷偷地闯了进去。

五五、不必环顾别人的理性如何，只消注视这一点，“自然是正在引导你到什么地方去？”——所谓自然乃是兼指宇宙的自然，经由你所遭遇的事物便可体会出来；以及你自己的本性自然，经由你自己所要做的事便可体会出来。但是每一个人都应该按照他的本性做事，世间一切事物皆是为了理性动物而安排的，——犹如在其他每一情形之下凡是低级的皆是为效劳于高级的而存在，——而理性的动物则是为他们自己的利益而努力。

人性之首要的特点便是：人与人之间的义务感，其次便是对于肉体的要求之坚决的抵抗，那乃是理性活动的特殊权益；把自己独立起来，不被感觉与欲望所支配；因为感觉与欲望均是兽性的。理智的活动是较优越的，永不被感觉与欲望所支配，确实是应该如此，因为理性的本质便是要支配感觉与欲望的。并且，理性的本质是不含有鲁莽灭裂的成分，不会被导入歧途的。所以，要让理性坚持这些特质，勇往直前，然后发挥其本身的作用。

五六、要假设你现在已经死了，一生已经结束，此后残余的岁月只当作是这一生的延续，要按照自然之道生活下去。

五七、只爱你所亲身遭遇的及命运给你所织造的。因为此外还有什么是更适合于你的呢？

五八、每有意外事故发生，要想想那些有过同样遭遇的人们，他们是如何的烦恼，如何的惊诧，如何的激动。可是他们现在到什么地方去了？不知哪里去了！怎么样呢？你也愿和他们一样吗？为什么不把这些本性所无的偏差交给那些制造偏差或被偏差所动的人们呢？为什么不致全力于如何使意外事故成为有益的功课上去呢？因为那样你便可把它们善为利用，转祸为福。只要经常注意，你所做的事要自己认为是尽善尽美。同时还要记住，取舍趋避之间最要紧的事是每件行为的目的。

五九、向内看。善的泉源是内在的，如果你肯发掘，它便会不断地喷涌。

六十、体态也要结实，在行动或举止中无有阻碍。因为心有所感而形之于色，欲求其宁静而体面，须于整个体态上表现出来。但这一切须出之于自然，不可强勉。

梁实秋批注

奥勒留于书中对于生死大事反复叮咛，与佛家所谓“死生事大生命须臾”之说若合符节。不过奥勒留不信轮回不信往生，不但与佛说殊，抑且与基督迥异其趣。

六一、与其说人生像跳舞，不如说人生像摔跤，因为它需要我们立定脚跟，准备迎接不可预见的每一攻击。

六二、要不断地想，你希望对你赞赏的人是些什么样的人，具有什么样的理性；因为能如此，则有人无心开罪于你，你便不会怪他们，而且你也根本不想要他们的赞赏了，如果你洞察他们的意见与愿望之内在根源。

六三、柏拉图说：每一个人之弃绝真理皆不是心甘情愿的。[18]公道、节制、慈爱，及其他美德，盖无皆然。这一点须要牢记心头，可使你对待人更敦厚一些。

六四、每逢苦痛时，要作如是观：苦痛并不可耻，这对于把舵的心灵并无伤害，苦痛不能损及心灵之理性的及乐群的方面。不过，在大部分的苦痛中，可乞救于伊壁鸠鲁的一句名言——“一种苦痛永不会是不可忍的或永无休止的”，所以要记住它是有限度的，不要在想象中把它扩大。此外还要记住：我们日常生活中有许多的不适，实在不是真正的苦痛，例如打瞌睡、发高烧、不思饮食。如果为这些情形所苦恼，便要对你自己说：“我是在被苦痛所降服了。”

六五、注意！对于禽兽，不可怀着禽兽对于人类的感想。

六六、我们怎么能知道特劳格[19]在品格上不超过苏格拉底？苏格拉底固然是有较光荣的一死，对诡辩哲学家能作更巧妙的驳难，能以更大的勇气，一夜一夜地度过霜寒，在受命去逮捕那个无辜的萨拉密斯人[20]时，他认为抗不受命是较光荣的；他行路时昂首阔步——虽然关于这一点的真实性我们不免怀疑，但这些证据是不充分的；需要说明的乃是——“苏格拉底的灵魂是什么样的？他是否以公正待人虔诚奉神为满足？对别人的邪恶既不表愤慨，亦不给任何人的愚昧作奴仆，对于从宇宙整体分出来给他的那一份命运亦不表示惊奇，亦不视为难堪的负担，亦不准许他的理智被‘肉体的欲望’所影响。”这才是我们要知道的。

六七、自然并没有将一切混合得如此密不可分，以致你无法将自己分离出来，无法掌控属于自己的一切。因为，成为一个神圣的人却不为人所承认是极有可能的。要牢记这一点；也不要忘记，过一种幸福生活所需要的只是尽可能少的事物；不要因为你无望在辩证法与物理学领域有所造诣，就放弃做一个自由、谦恭、无私、敬神的人。

六八、你可以不受任何束缚，在极度的宁静心神中生活下去，尽管全世界都在叫嚣着反对你，尽管野兽把你的四肢一根根地从你的肉体的躯壳上扯下去。因为这一切并不能使心灵丧失宁静，并不能使它失去对外境之正确的判断力，并不能使它无法使用“它所能支配的事物”，所以对于所遭遇的一切，你的判断力依然可以说：“事实上你不过是如此，不管一般人说你是什么。”你是使用者，你依然可以对供你驱使的事物说：“我要寻求的正是你。”因为来到手边的事物，永远是供理性的与乐群的美德使用的资料，简言之，即人的艺术或神的艺术之资料。因为一切发生的事都与人或神有密切关系，既不新颖亦不难于应付，而是熟习的并且易于处理的。

梁实秋批注

近人尝喜多方为之（迫害基督教）开脱，不是说奥勒留误信谗言，便是说奥勒留中心思想与耶教异曲同工，其实这都是不必要的。迫害耶教之事，确曾数见不鲜，而且显然不是未得奥勒留之默许，如Justin之在罗马，Polycarp之在Smyrna以及各省之若干笃信耶教者，皆壮烈殉教。在他（奥勒留）那时代，他的地位，他压迫异教是正常的态度，不是罪恶，思之似不必更下转语。

六九、完美的性格应该是这样的——过一天就好像是过最后一天似的，不激动、不麻痹、不虚伪。

七十、不死的天神并不因为必须长久地容忍那样多的坏人而感觉烦恼；不，他们甚至于多方地照顾他们。但是你，虽然不久就要死的，却不耐烦地大叫起来，而且你自己也正是那些坏人之一。

七一、力求自己免过，是可能的；欲令别人免过，是不可能的；薄责己而厚责于人，糊涂之至。

七二、凡经你的理性与群性的能力所发现为“既不合于理性亦不合于群性的任何东西”，它一定是认为那东西不合于它自己的标准。

七三、对人有恩，其人受惠，此外更何必再有需求——例如施惠的美名，或是回报？

七四、受益之事，无人嫌其多；按照自然的法则去行事，本身便是益处。所以不要疲于去做“既利己而又利人的事”。

七五、宇宙整个的本性觉得不能不创造一个宇宙；但是现在一切发生之事物，若非全是依照自然因果关系而发生，便是甚至于由宇宙理性所亲自调理过的、最重要的事物也是毫无理性之可言。记住这一点[21]，在面对许多恶劣事物时，便可以在心理上有更大之宁静。

注 释

① 参看卷三第五节。

② Chrysippus（280 B.C.—207 B.C.），是斯多亚派哲学家，系统的斯多亚派哲学之创建者。

③ Epictetus，纪元一至二世纪之斯多亚派哲学家，生于Phrygia，先是奴隶，后被释放，跛而贫，怡然自得。所著 *Encheiridion* 系其门徒所编之语录。

④ 此哲人系德谟克利特。

⑤ 见柏拉图《理想国》。

⑥ Antisthenes，纪元前五世纪之犬儒学派哲学之创始者，为柏拉图之敌手之一。据普鲁塔克的说法，此语出于亚历山大大帝。

⑦ 语出 Euripides，“*Bellerophon*”，Frag.289。

⑧ 出处不详。

⑨ 语出 Euripides，“*Hypsipyle*”，Frag.289。

⑩ 语出 Euripides，“*Antiope*”，Frag.207。

⑪ 语出 Aristophanes，“*Acharnae*”，66。

⑫ 出处不详。

⑬ 语出柏拉图《申辩篇》。当时苏格拉底是在答复一个询问，问他冒生命之危险去从事他的工作，是否觉得可耻。

⑭ 语出柏拉图，《高尔吉亚篇》，512DE。

⑮ 本节此句以下各语显然不是柏拉图所说的话，所以许是指本节以上所录各语而言，也许此句之下有脱落。

⑯ 语出 Euripides，“*Chrysippus*”，836。

⑰ 语出 Euripides，“*Supplices*”，1110。

⑱ 出处不详。

⑲ 特劳格（Telauges），是毕达哥拉斯（Pythagoras）之子。

⑳ 苏格拉底受“三十人暴政”政权（Thirty Tyrants）之命前去逮捕萨拉密斯人（Leon of Salamis），但萨拉密斯人实在是无辜的，所以苏格拉底冒险抗命不去捕他。

㉑ 作者之意显然是说上述二者说法中第二种说法不合理。

卷八

一、在你的生命的全部中，或从你的青年时期以后的那一段里，你不见得能像一个哲学家那样生活下去，此种想法可以使你断了追求名誉的妄念。你可以明白看出，许多别人亦可明白看出，你与哲学相隔甚远。所以，你的生活是漆黑一团，你无法再去赢得哲学家的美名，你一生的事迹也是与哲学相抵触的。如果你的眼睛确能看出真理之所在，就不要管别人对你作如何感想，只要你能按照你自己的愿望去度过你的残生，无论其

梁实秋批注

作为一个军人，奥勒留是干练的，武功赫赫，可为佐证。作为一个政治家，奥勒留是实际的。他虽然醉心于哲学，并不怀有任何改造世界的雄图；他承袭先人余烈，尽力守成，防止腐化。他也做过蠢事，例如提携L.维鲁斯共理国是便是一个行不通的办法。他在统治期间权力稍嫌过于集中，其长处是为了政力求持平，他用法律保护弱者，改善奴隶生活，蔼然仁者之所用心。在任内，他普建慈善机关，救护灾苦民众，深得人民爱戴。

为长或短。要确有把握你的愿望究竟是什么，不要让任何东西烦扰你；因为过去的经验告诉你——你迷途有多么深，从未度过真正的生活。所谓真正的生活，并不在于逻辑的玄妙，或财富，或名誉，或享受，或任何地方，那么究竟在哪里呢？在做人性所追求的事情中。人应该怎样做呢？要有宗旨，以为他的动机与行为之泉源。什么宗旨呢？关于善与恶的性质者——“表示除使人变成公正、有节制、慈爱、勇敢、自由的事物以外对人无善之可言；除使人变成与上述情形相反的事物以外对人亦无恶之可言。”

二、在每件行为中问你自己：“这对我发生什么影响？我会不会为之后悔？”过不久我就死了，一切皆空。只要我目前的工作是一个有理性的、有群性的人的工作，在与神共守的法则之下工作，此外更有何求？

三、由第欧根尼、希拉克利特斯与苏格拉底看来，亚历山大、恺撒、庞贝，算得什么呢？①

因为他们观察事物，注意到其形式与实质，并且他们的理性乃是他们自己的。但是别人呢？多少事情使他们困扰，多少事物使他们成为奴役！

四、你尽管气炸了肺，他们依然要做同样的事。

五、第一，自己不要发怒，因为一切事物皆是按照宇宙的自然之道而安排的，不久你即不复存在，不知所终，就像哈德良与奥古斯都一样。[②]第二，凡有所事，先沉着地观察并且认识其本来面目，同时记取你必须要做一个好人，做人性所要求的事，然后勇往直前，无有动摇。凡有语言，须自审其为全然恰当，要和蔼谦逊而无虚伪。

六、宇宙的自然之道必须做这一件事，把这边的东西搬到那边去，把它们变换一下，从这里把它们拿走，运到那里去。一切事物只是变换中的一面，但是不必怕有什么新奇的东西出现。一切事物都是旧的形式，而且其分布也是一样的。

七、每一种事物的本性，如能顺利地发展，都会自觉满足。理性的人性也可说是进展顺利，如果它在思想上不赞许任何虚伪的或含混的东西，除了有关群性的行为外不起任何动机，仅对于其所能支配的事物有所好恶，对于宇宙自然所分给它的一份表示欢迎。因为这理性的人性正是那宇宙自然之一部分，犹如一个叶子的本性是属于树的本性一般，但稍有分别：叶子的本性乃是一种无感觉、无理性的本性之一部分，容易遭受挫折，而一个人的本性则是一个不受挫折的、有理性的而且公正的自然之一部分。这理性的自然确实是分配均匀，给每个人以其应得的一部分时间、本质、形式、活动力与环境。你所要思考的，不是在每一情形之下一件东西是否等于另一件东西，而是集体地来看，这一部分的整体是否等于那一部分整体。

八、你不能求学，但是你不能放肆；你能超越于快乐与苦痛之上；你能把爱慕虚荣之心放在脚下践踏；你能对愚蠢的人和忘恩负义的人抑制你的怒火，甚至于还眷顾他们。

九、不要令人再听见你怨恨宫廷生活之苦。不，也不要令你自己的耳朵听见。

十、悔悟乃是忽略了“某一些有益的事物”之后的一种自责。“善”一定是有益的，真正的好人一定要努力行善，但是真正的好人却忽略了一项——快乐是永远不悔恨的。所以快乐是既非有益亦非善。

十一、这东西，就其单独的构成而言，其本身究竟是什么？其本质是什么？其形式如何？它在宇宙间做什么事？它能存在多么久？

十二、你睡醒懒得起来时，要想想：克尽对于人群的责任，乃是你的本分，乃是合乎人性的；而睡觉的本领，乃是无理性的动物与人类所共有的。凡合乎个人本性的亦即是较为亲切的，较为亲近的，较为愉快的。

十三、要坚持！而且如属可能，要在每一情形下坚持，用物理学、伦理学与论理学的规则去考验你的印象。

十四、无论遇到什么人，立刻向自己提出这样的一个问题:“这个人对于善与恶有什么样的见解？”因为关于快乐与苦痛以及其起因，关于美名与恶名，关于生与死，如果他具有如此这般的见解，则我将不觉得其为新奇可惊；如果他有如此这般的行为，我将心里明白:“他是不得不如此做的。”

十五、要记住！看无花果树上长了无花果而表示惊讶，那固然是糊涂；看宇宙产生出其所特有的成果而表示惊讶，也是同样糊涂。犹如一个医生或一个舵手看见一个病人发热或天上起了逆风而表示惊讶，那也是糊涂。

十六、要记住，改变主张与接受别人的矫正，并不能算是与真正的意志自由相抵触。因为只有你自己才能决心努力，使你的行为合乎你的动机、判断，甚至你的智慧。

十七、如果选择之权在你，那么你为什么要做这事呢？如果不在你，那么你怨谁呢？怨原子或天神？无论怨哪一个都是荒唐行为。谁也不必怨。因为如果你能，就纠正那致误的根由；如果那也是办不到的，怨尤又有何用？凡无用的事都不该做。

十八、凡是死去的东西，都不是被丢弃在宇宙之外——它依然存在于此，不过经过变化，化成为它原来的成分，那亦即是宇宙的元素，亦即是你自己的元素。是的，那些元素也经过变化而并不怨诉。

十九、每一件东西，无论是一匹马或是一棵葡萄树，生来必有用。这有什么可怪的呢？太阳神都会说："我之存在乃是要做一些工作的。"其他的神亦然。那么你生来是为做什么的呢？为了享乐？当然不可那样想的。

二十、每一事物有开始，有延续，亦有死亡，这都是被包括在自然界的目标之内的，犹如一个人掷起一只球一般。③球被掷起，有什么好处？球落下来，最后落到地上，又有什么害处？水泡凝结着有什么好处，破碎又有什么害处？灯焰也是一样的道理。

二一、把肉体翻转过来，看一看是什么样子？到老的时候，病的时候，变为死尸的时候，它是个什么样子？赞美者与被赞美者，怀念者与被怀念者，都只能延续一个短短的时期。而且也只能生活在这世界中的一个小小的角落里，而且还能和谐共处，甚至一个人和他自己也不能协调；整个的世界也不过是一个点而已。

二二、集中你的注意力于你面前的事物，无论其为一件行为，或是一个原则，或是其所代表的意义。活该受这样的报应！因为你情愿明天做一个好人，而不愿今天做一个好人。

二三、我正在做一点事么？我是想有利于人群而做事。我遭遇了什么事么？我接受它，我认为那是神的意旨，我认为那是来自万物所由发生的本原。

二四、试想洗澡时的状况——油、汗、泥、脏水，一切令人恶心的东西——我们的生活之每一部分和我们所遇见的每一件事物皆是如此。

二五、鲁西拉埋葬了维勒斯，然后鲁西拉被埋葬了；同样的，西空达埋葬了玛克西摩斯，然后是西空达她自己；哀皮丁卡奴斯埋葬了戴奥蒂摩斯，然后是哀皮丁卡奴斯她自己；安东尼·派厄斯埋葬了佛斯丁娜，然后是安东尼·派厄斯他自己。总是同样的故事在重演：凯勒埋葬了哈德良，然后凯勒也被埋葬了。那些机智过人的人，以预测未来和傲慢自负而闻名，如今安在哉？例如：卡拉克斯与柏拉图派学者地美特利阿斯，以及优戴蒙，及其他类似的人。全是些朝生暮死的东西，好久以前就死了！有些个死后不久就默默无闻了，有些个变成了传说中的人物，还有些个在传说故事里也消逝得无影无踪！所以要常想着，你的躯体一定要消灭的，你的一口气一定要断的，你一定要转到另外一个地方去的。④

二六、一个人若能做真正的人的工作，会得到快乐的。真正的人的工作便是——对同类表示善意，对感官的活动表示轻蔑，对似是而非的印象下正确的判断，对宇宙自然及受宇宙自然之命而发生的事作全盘的观察。

二七、你有三种关系：第一是对你自己的躯壳，第二是对于大家所遭遇的一切事物之所由发生的那个神圣的主宰，第三是对于你所共同生活在一起的人们。

二八、对于肉体，苦痛是一种罪恶——那么就让肉体诅咒它吧。对于灵魂，苦痛也是一种罪恶；但是灵魂能使自己处于风平浪静的状态，可以不认它为一种罪恶。因为每一信念、动机、欲望与反感都是从内心而起，没有什么东西能从外面爬进去。

二九、拭去一切妄想，永远对你自己这样说："我有力量让我的灵魂不藏蔽邪恶或欲望，或任何使人烦扰的成分；而且我既能洞察一切事物之本性，我便该恰如其分地应付之。"要常常想着自然所给你的这种力量。

三十、在元老院里说话，或对任何人说话，都要求其适当而且自然。要说坦白的话。

三一、奥古斯都[5]的宫廷——妻，女，子息，祖先，姊妹，阿格利帕[6]，族人，家人，朋友们，阿瑞伊乌斯[7]，麦西拿斯[8]，医生们，卜者们——都死了，整个宫廷的人都死了！再看其他的纪录，不仅是个人的死亡，而是整个的家族的死亡，例如庞贝[9]一家。那个著名的墓志铭，“全族最后的一个”——试想想看，再想想此人的祖先当初如何焦虑着要有后裔。但是究竟总有一个成为这一系的最后一个——这就是一个全家族的灭亡！

三二、你需要用一件一件的行为来建立起你的生活；并且要知足，如果每一行为都能尽量达到它的目标。没有人能阻止你的行为去达到它的目标。“但是可能有一些外来的阻力呢？”对于你的公正的、严肃的、聪明的行为不可能有任何外来的阻力。“但是别方面的活动能力若是受了阻碍呢？”那么就甘心情愿地接受那个阻碍，并且临机应变地转而去做另一桩合于建立生活的事情。

三三、毫不狂妄地接受，毫不踌躇地放弃。

三四、你已看见过一只手或一只脚被割掉，或是头颅从躯干上砍掉，身首异处。一个人若是不满于他所遭过的一切，自绝于人寰，或行为乖戾，落落寡合，那么他也正是同样的尽其所能地在残斫他自己。你可以说是在某种情形之下脱离了自然的整体；因为你原是自然的一部分，而现在你把你自己割掉了。但是这里有一个奥妙的条件，你能再回到你的整体。任何其他的部分，一旦被扯开离散，上天都不准许它再回来。是的，请看上天的仁慈吧，他使得人类成为何等特别的庄严！他使人类有力量永不脱离整体，如果离开整体还可以回来和其他部分联为一体，重新恢复他的岗位，作为整体的一部分。

三五、宇宙本性赋予每一理性的动物以一切的本领，所以我们也有这一项特长：宇宙的自然既能把所遇到的任何阻碍变成为有用之物，使之在命定的事物之中占一位置，使之成为宇宙的一部分；那么理性的动物便也能使每一阻碍变成为己有利之物而加以利用。

三六、不要被想象中的整个人生的一幅图画所吓倒。不要悬想有多少苦恼在等着你。在当前每一事项中要反问自己："在这一段经验中究竟有些什么是无法忍耐的？"你在供认的时候会要羞赧的。还要再提醒你自己，给你带来负担的不是过去，不是未来，乃是现在。如果你把它孤立起来，同时责备你的内心，何以这一点点烦恼都不能忍耐？那么你的苦痛也缩减到微不足道了。

三七、潘姬婀[10]现在还守在她的夫君的坟墓旁边么？或是波加摩斯[11]？卡布利阿斯[12]或戴奥提摩斯还守在哈德良的坟墓旁边么？荒谬的想法！可是真那样又当如何呢？如果他们一直坐候到现在，死人会知道么？如果知道，会因此而高兴么？如果高兴，悼者会因此而长生不死么？这些人，还不是和别人一样，命中注定的会要变成老翁老妇而终于死去？他们死了之后，他们所悼的那些人又该怎么办呢？全都是一个臭皮囊包着一汪脓水而已。

三八、你有锐利的眼光吗？"永远要聪明地善于使用它"，如哲人之所说。

三九、在一个理性的动物身上，我看不出有任何美德是与公道相抵触的，但是我却看出有一种美德是与享乐相抵触的——那便是节欲。

四十、灭除你的有关“想象中的苦痛”之一切的感想，你自己就会得到绝对的安稳。什么是“你自己”呢？理性。但是“我”不是理性，姑认其为如此。无论如何，不要令理性使它自己苦痛，但是如果你的其他部分出了毛病，让它自己去作感想好了。

四一、对于兽性，感官上的故障乃是一种缺陷，欲望上的故障亦然。同样的，植物亦有些故障，对于它们亦是一种缺陷。所以“认识上的故障”对于有智识的人也是一种缺憾；把这一番道理应用在你自己身上。苦痛或快乐，是不是在把握着你？让感官去考察一下。你努力做一桩事是否遭遇了故障？如果你

梁实秋批注

我很向往奥勒留这样的近于宗教的哲学。他不信轮回不信往生，与佛说异，但是他对于生死这一大事因缘却同样的不住地叮咛开导。佛示寂前，门徒环立，请示以后当以谁为师，佛说：“以戒为师。”戒为一切修行之本，无论根本五戒、沙弥十戒、比丘二百五十戒，以及菩萨十重四十八轻之性戒，其要义无非是克制。不能持戒，还说什么定慧？佛所斥为外道的种种苦行，也无非是戒的延伸与歪曲。斯多亚派的这部杰作坦示了一个修行人的内心了悟，有些地方不但可与佛说参证，也可以和我国传统的“天行健，君子以自强不息”以及“克己复礼”之说相印证。

的努力是在希冀无条件的实现，那么对于你这个理性的动物而言，其失败立刻即是一种缺陷了。但是如果你接受这普遍的限制，那么你还是没有受到损失，甚至是没有遭遇故障。老实讲没有人能阻碍内心的愿望，因为火、钢、暴君、诋毁，或任何事物，均不能触及它：“一个圆体，一旦形成，将永远是圆的。”

四二、我若使我自己苦痛，那是不对的，因为我从来没有故意使别人苦痛过。

四三、某一事物使某人高兴，另外一事物使另外一人高兴。对于我，如果我能维护我的主宰的理性于不坠，对于人以及人所遭遇的任何事物能不侧目而视，以慈悲的目光观察一切，就其本身具有的价值而接受，并且利用每一事物，那便是可喜之事了。

四四、要把现实据为己有。追求身后之名的人，实在是没有了解将来的人们和他目前所不能忍耐的人们乃是一模一样的凡人。如果未来的人发出这样的或那样的声音，或是对你有这样的或那样的意见，与你又有何相干呢？

四五、你可以把我拿起来随便丢到什么地方去。因为在那个地方我的本性仍将是宁静的，换言之，仍将是怡然自得的——如果我的本性在它的自身及其活动中，仍能按照它固有的法则而运行。

只为了换个地方，我的心灵便忐忑不安，自贬身价，匍匐，张皇，崩溃，恐惧，这值得吗？什么事能值得使它这样呢？

四六、人不会遭过什么事而是人性所不可免者，犹如一头牛不会遭遇什么而是牛所不能免者，一株葡萄不会遭遇什么而是葡萄所不能免者，一块石头不会遭遇什么而是石头所不能免者。所以，如果所遭遇的仅是一些自然的而且习惯的事，为什么要悲伤呢？因为宇宙自然不会带给你任何你所不能忍受的事。

四七、你遭遇外界挫折而烦恼的时候，使你困扰的不是那件事情的本身，而是你自己对那件事情的判断——这判断，你能立刻就把它消灭掉。但是，如果你自己性格中有点什么使得你烦恼，谁能妨碍你去纠正那该负责的观念呢？同样的，如果你为了未做应做之事而烦恼，为什么不径去做，何必徒然烦恼？“但是途中有个狮子呀！”那亦不需烦恼，因为未做的责任不在你。“可是此事不做，生活不值得活下去。”那么就脱离生命，就如诸事顺遂的人一样地安然就死，并且毫无怨尤地接受那些阻碍你的东西。

四八、永远不可忘记：主宰的理性，在收摄中而圆满自足的时候是坚强无敌的。所以它不做它所不愿做的事，并非基于什么道理，只是为了坚强作对——如果它对某事下一判断而且有理可据，其坚定当更有甚于此者。所以不被情感所控制的心灵，有如一个坚强的堡垒，一个人没有比这个更为易守难攻的堡垒去藏身的了。没有发现这堡垒的人是愚昧无知的，发现而不进去藏身是不幸的。

四九、除了由初步的印象所获得的报告之外，不必对自己再多说什么！有人对你说，某某人在讲你的坏话；是有人这样对你说了，但是并没有对你说你受了什么伤害。我看出我的孩子生病——我是看出他有病，但是我并未看出他有危险。永远保持初步印象，不要从内心里去加补充，那么你便没有遭遇什么不幸。不过要补充这一点，世上一切可能发生的意外之事，你都是熟悉的。

五十、“这条黄瓜是苦的。”丢掉它。“这条路上有荆棘。”转弯走。这就够了，用不着再加上一句:“为什么世上要有这种东西？”因为你会要被通达自然之理的人所讥笑。犹之乎你到木匠铺或鞋匠铺去责问他们，为什么有锯木屑碎皮革，他们也要讥笑你。他们有地方去丢那些木屑碎皮；宇宙在本身以外却没有空间，可是宇宙之巧妙即在于是，虽然其本身是有范围的，但是其内部的一切衰老无用之物都能被变成为原来的本质，再度被创造成为新的事物；这足以说明宇宙自然不需要本身以外的任何事物，亦不需要一个丢弃破烂东西的角落。其所需要的仅是其自己的空间，自己的物质，自己的固有的手艺。

五一、做事不可迟缓，言谈不可杂乱，思想不可模糊；心灵不可完全倾注在本身上面，亦不可任其激动；生活中总要有一点闲暇。

“他们杀害我们，他们肢解我们，他们诅咒我们！”[13]这如何能妨碍你的心灵，使之不能继续成为纯洁的、健康的、清醒的、公正的呢？试想一个人站在一个晶莹透彻的泉边咒骂，泉依然会汩汩地冒出鲜凉的水。丢进泥巴，甚至秽物，它也会很快地把它们冲掉而毫无污染。那么你怎样才能拥有一个永流不息的泉源，而不仅是一口井呢？只需随时小心翼翼地引导你自己进入自由的境界，益之以慈祥、朴素、谦和。

五二、不知宇宙为何物的人，即是不知自己置身于何处。不知宇宙之目的的人，即是不知他自己是谁，或宇宙为何物。但是缺乏这些知识的人，实在也说不出他自己活着是为什么。那些对于不知自己是谁或不知自己置身何处的人们所作的赞美还想加以追求或避免者，我们将对之作何感想呢？

五三、设有一人，一小时内咒骂他自己三次，你还想受他的赞美吗？设有一人，他对自己都不满意，你还愿他对你满意吗？一个人对他自己所做之事几乎每一桩都表示后悔，他还能算是对自己满意吗？

五四、不要再以能与大气一致地呼吸而遂自感满意，要从此刻起在思想方面能与那“普被万物的理性”息息相通，因为那理性是无往而不在的，到处献给那些能接受它的人，恰如空气由呼吸的人随意享用一样。

五五、就全般而论，邪恶并无伤于宇宙；某一个人的邪恶亦无伤于其他的人们；它仅是有害于某一个人，而他亦可以立刻从伤害中解脱出来，只消他愿意。

五六、对于我的自由意志，我的邻人的自由意志乃是无关紧要的，犹如他的呼吸与他的肉体一般的对我无关紧要。纵然人是生来彼此依赖的，我们的理性只是自家的一家之主。否则我的邻人的邪恶会要变成为我的毒害——这不是上帝的意旨，上帝并不要我的不幸靠别人来决定。

五七、太阳的光好像是向各方放射，但是它并没有把它自己放射净尽，因为这放射乃是扩展。所以阳光在希腊文里叫作 aktives，义为伸展，因为阳光是在空间里的伸展。光线是什么，你很容易看出来。如果你观察阳光从一狭隙射进一间暗室，沿着一条直线射进，触到一件固体的东西，便把它阻止了；它便停在那里，既不溜走，亦不下坠。人的心灵之照射亦复如是，不是把自身射散，而是把自己扩展，触及任何阻碍物时，永不留下激烈的撞击之痕，自身亦不破碎，而能稳稳地站立，并且能照亮那个东西。至于拒绝传导阳光的东西，那便是心甘情愿地丧失了阳光被伸展的机会。

五八、怕死即是怕无感觉或新感觉。不过你既然没有感觉，你便不会再感觉什么不如意事；你既然是要换取另外一种新感觉，你便将有另外一种生命，但依然是生命。

五九、人生是为彼此依赖的。所以要教导别人，或是容忍别人。

六十、箭向一个方向走，心向另一方向走。但是心，无论在小心检讨或从事研究的时候，也都是一往直前，直奔目标。

六一、进入每一个人的理性里去，给每一个人一个机会进入你自己的理性里来。

注 释

① 第欧根尼(Diogenes)，希拉克利特斯(Heraclitus)，苏格拉底(Socrates)，都是希腊哲人。亚历山大（Alexander the Great，356 B.C.—323B.C. ），古马其顿国王；恺撒（Gains Julius Caesor，100 B.C.—44 B.C.），古罗马大将及政治家；庞贝（Gnaeus Pompeius Magnus, 106 B.C.—48 B.C ），古罗马大将及政治家，他们均是军功赫赫的名人。

② 哈德良（Hadrian，76 A.D.—138 A.D.），罗马皇帝，奥古斯都 (Augustus，63 B.C.—14 A.D.)，罗马第一任皇帝，均是后人经常视为代表“逝去的尊荣”的人物。

③ 奥勒留的祖父 Annius Verus 是当时最佳之球戏者，奥勒留本人亦娴球技。

④ 这段文字提及的人物资料如下：玛克西摩斯（Claudius Maximus)，斯多亚派哲学家，奥勒留敬爱的哲人之一；西空达（Seconda ）是玛克西摩斯之妻；哀皮丁卡奴斯(Epitynchanus)大概是哈德良皇帝的随从之一；戴奥蒂摩斯（Diotimus ）是哈德良皇帝宠爱的被释的家奴；安东尼·派厄斯，罗马第十五位皇帝（138 A.D.—161 A.D.)，为一贤明君主；佛斯丁娜 (Annia Galeria Faustina) 是安东尼·派厄斯之妻，卒于 141 A.D.；凯勒 (Caninius Celer) , 希腊修辞学家，哈德良皇帝的秘书，奥勒留的教师之一；哈德良（Hadrian)，罗马第十四位皇帝（117 A.D.—138 A.D.)；地美特利阿斯(Demetrius of Phalereus)，三世纪希腊哲学家，亚典总督，

亚历山大图书馆创立人之一。

⑤ 奥古斯都（Augustus），显赫一时之罗马皇帝。

⑥ 阿格利帕（Mareus Vipsanius Agrippa，63 B.C.—12 B.C.），罗马政治家，地理学家，奥古斯都之军政大臣。

⑦ 阿瑞伊乌斯（Areius），奥古斯都之宫中哲学家。

⑧ 麦西拿斯(Gaius Cilnius Maecenas，68 B.C.—8 B.C.)，奥古斯都的顾问，文艺的保护人。

⑨ 庞贝（Pompey），罗马共和国末期之大将。

⑩ 潘姬婀（Pantheia）是 Lucius Verus 之妻，贤淑貌美。

⑪ 波加摩斯（Pergamus）是 Lucius Verus 之宠奴。

⑫ 卡布利阿斯（Chabrias），哈德良之宠奴。

⑬ 指基督徒之事。

卷九

一、不公正即是不虔敬。因为宇宙生人就是要他们彼此互助，各按其价值而交相获益，并非为交相伤害；所以违反宇宙意旨者，显然的，即是对天神不敬。

谎言者也是对神不敬。因为宇宙的本质即是现存的万物的本质。现存的万物与过去曾经存在的万物具有密切的关联，这个本质即名为真理，并且是一切真实的东西之原始的动力。存心说谎者是不虔敬的，因为他的虚伪乃是不公正的，无心说谎者也是不虔敬的，因为他与整个宇宙之道不调和，与有秩序的宇宙之道相冲突，成为一个捣乱分子。一个人在行为方面肯与真理背道而驰，当然要陷于冲突之中，而且他本已秉有分辨真伪的能力，只因不去运用它，遂致失掉了它。

一个人追求享乐，以享乐为善事；避免苦痛，以苦痛为恶事，那也是不虔敬的行为。因为这样的一个人，一定无可避免地要指责宇宙对于善人与恶人处置不公——恶人往往处于享乐之中，拥有可以获致享乐的东西；善人反要遭遇苦痛及可以产生苦痛的事物。并且怕苦痛的人总有一天要怕一些世上必须发生的事，那就是不虔敬。追求享乐的人，遇到不公正的事亦不肯罢手，这很明显的是不虔敬。

但是和自然一条心，并且按照自然之道行事的人们，对于宇宙自然所一视同仁的东西，一定也要一视同仁。因为自然若是对于二者（享乐与苦痛）不是一视同仁，她便不会把二者都创造出来。所以一个人对于苦痛与享乐，死亡与生命，美誉与恶谤，以及一切宇宙自然同等看待的东西，若是不能同等看待，他明显的是不虔敬。吾所谓宇宙之对一切事物同等看待，乃是说：一切事情之发生都是毫无差别的，都是按照自然顺序的，无论就现已存在之事物或就其后果而言皆是如此，冥冥之中似有神意主宰。自然之造成这样秩序的宇宙，即是按照那个神意而不得不如此，她按照神意而制定了“各种将要发生的事情”之基本原则；她按照神意赋予万物以“生长的力量、变化的力量”，以及我们所看见的交相

梁实秋批注

斯多亚派认为只有物质的事物才是真实的存在，但是物质的宇宙之中偏存着一股精神力量，此力量以不同的形式出现，如人，如气，如精神，如灵魂，如理性，如主宰一切的原理，皆是。宇宙是神，人所崇奉的神祇只是神的显示。神话传说全是寓言。人的灵魂是从神那里放射出来的，早晚还要回到那里去。主宰一切的神圣原则即是使一切事物为了全体利益而合作。人的至善的理想即是有意识地为了共同利益而与天神合作。

嬗递的情形。

二、一个人离开尘世，从无“虚伪、欺诈、奢侈、傲慢”之经验，这当然是最幸运的事，如果办不到，则次好的情形便是：在厌倦这些事情的时候气绝身死。难道你情愿和罪恶在一起厮混？难道尝试了罪恶还不知道避之如毒疫？因为心的腐化比任何瘴疠之气还更为有毒。后者对一切生物有害并影响其生命，前者则对人类有害并影响其人生。

三、不要蔑视死，要迎受它，因为这是自然之道所决定的事物之一。解体乃是自然界的一个过程，与你一生中各个季节都是有关联的，诸如由年轻到年老，由逐渐成长而达到盛年，由生牙齿长胡须而头发灰白，由媾精而怀孕生产。一个人如果想通了这一番道理，便不该对死亡怀着冷漠、焦急或轻蔑的态度，应该把它当作为自然的过程之一来看待。静静地等待那个时间来临，你的灵魂将脱壳而去，恰似你等待着你的妻把她怀着的婴儿分娩出来。

但是如果你想要一点心灵上的慰藉，那么帮助你从容就死的方法，莫过于考察一下你所要遗弃的环境，以及你所谓无需再行厮混的那些人物。厌恶他们固然是不对的，应该眷顾他们、善待他们，但是如果能想起你所要抛弃的并非是与你同道的人，那究竟是个慰藉。“人生之值得留恋，只是与同道之人可以共居而已”。但是你现在可以看出，和那些人格格不入，而还要同居共处，是多么的令人厌烦，或许你会要吼起来：“死亡啊！不必迁延！否则我也许要忘形而放肆了。”

四、害人的人，实际是害他自己。不公道的人，实际是对他自己不公道，因为他使他自己变坏了。

五、做某一桩事可能是不公道的，没有做某一桩事也可能是不公道的。

六、你现在的意见是根据正确的了解，你现在的行为是符合公众的利益，你现在的心情是对一切外来的遭遇都能满足——这便够了。

七、排除幻想。控制冲动。扑灭欲望。把握住你的理性。

八、无理性的生物都享有一种同样的生命，理性的人都享有一种同样智慧的灵魂。恰似尘世间的东西都是由一种尘土做的，我们有生之年所看到的光明是同一光明，我们所呼吸的空气是同一空气。

九、属于同一元素之事物，都想和同类聚在一起。凡是尘土做的东西都有归于尘土的趋向；液体都有流在一起的趋向；气体的东西也是一样，只有“阻碍与外力的干扰”才能使之分开。火性上升，由于天上的火所吸引，但与尘世间的火也很快地燃烧在一起，所以一切特别干燥的物质很容易燃烧起来，由于其本身较少抵抗燃烧的质素之故，所以说物以类聚。一切有理性的人，也是要互相吸引的，其愿望甚至是更强烈一些。人之所以优于其他万物者，即在于他对于同类有较容易融合的能力。

在无理性的各种生物中间，我们可以发现有蜂群、牛羊群、鸟群，其中还好像有爱。动物的阶段即已有灵性存在，其“乐群的倾向之浓厚”是植物与木石之间所没有的。但是在理性的人类之间，却发现有政治集团、友谊、家庭、聚会以及战争中的缔约与休战。但是在更高阶级的事物中间，一种分离中的和谐状态依然是存在的，例如星体。所以升入较高形式，依然可以在分离的事物之间产生一种谐和的联系力量。

看现今实际发生的事吧！如今只有理性的动物才忘记他们彼此之间的关联与吸引，只有在他们之间才缺乏呼朋引类的迹象。不过他们尽管逃避，他们依然要落在自然的网罗里，因为自然之道是不可违的。你仔细观察，就会发现确乎是如此。无论如何，一件不着尘埃的尘土做的东西，总比一个完全与人世间隔离的人要容易找得到。

梁实秋批注

奥勒留和我们隔有十八个世纪之久，但是因为他的诚挚严肃的呼声，开卷辄觉其音容宛在，栩栩如生。法国大儒 Renan 在 1881 年说：“我们人人心中为玛克斯·奥勒留之死而悲哉，好像他是昨天才死一般。”一个苦修的哲学家是一个最可爱的人，至于他曾经做过皇帝一事，那倒是无关紧要了。

十、他们全都产生果实——人、神与宇宙：各按其季节而生产。平常的说法，所谓果实只是指葡萄及其类似之物而言，但这并无关紧要；为大家，为自己，理性也有果实，其果实也是类似理性的本身。

十一、如果你能够，你要纠正那些行为错误的人；如果不能，要记住你有的是慈悲心来应付这个局面。天神对这样的人也是慈悲的，甚至于为了某种目标而与他们合作——帮助他们获得健康、财富与名誉，他们确是这样的好心肠。你也可以这样，谁还能拦着你不成?

十二、做你的工作，不要像是做苦工，也不要希求别人的怜悯或赞扬。只可希求一件事，那便是，做或不做都要接受公益心的指导。

十三、今天我脱离了一切烦恼，也可以说是抛弃了一切烦恼，因为烦恼不在外面，是在里面，在我自己的想象里。

十四、这一切全是司空见惯之事物：在时间上是朝生暮死的，在本质上是低贱的。现今的一切事物都是和我们所已埋葬了的人们的时代完全一样。

十五、客观的事物全在门外站着，孤零零的，既不认识自己，对自己亦没有什么意见。是什么使我们对他们有所衡量呢？理性。

十六、有理性的好合群的动物之善与恶，不在于其消极被动，而在于其积极主动，恰如其美德与罪恶也是不在于其消极被动，而在于其积极主动。

十七、投掷一颗石子到空中，其降落并没有什么不好，其上升也没有什么好。

十八、透穿到他们的内在的理性，你就会明白你所惧怕的裁判官，究竟是什么样的人，他们对他们自己的裁判究竟所值几何？

十九、改变乃是普遍的经验。你自己是在经历一个永无休止的变迁，也可以说是腐化：是的，整个的宇宙亦然。

二十、别人的错误行为应该由他自己去处理。

二一、活动的停止，情感与思维的休歇，也可以说是它们的死亡，都不算是罪恶。试想你的一生：婴年、童年、成年、老年，在变化的梯阶上，每一步都是一次死亡。这其间有什么可怕的呢？试想你自己在祖父膝下的生活，再想想在你母亲膝下生活，再想想在你父亲膝下的生活，你会发现有许多异样变化与休止，问一问你自己:“这其间可有什么可怕的呢?”不，没有任何可怕，就是在你整个的一生到了结束、停止、变化的时候也没有什么可怕。

二二、赶快去省察你自己的理性，宇宙的理性，你的邻人的理性。省察你自己的理性，以便使它公正；省察宇宙的理性，以便时常记取你是其中一部分；省察你的邻人的理性，以便知道他是愚蠢还是聪明，同时还可反想一下，他的理性和你的是否相差无几。

二三、你自己既是人群组织的一分子，你的行为也应该使之成为共同生活中的一部分。你的行为之直接或间接与这共同目的无关者，皆足以把你的生活变成为孤独，毁坏人群之完整性，创造分裂，恰似一个在社会中落落寡合的人，远离人群，与大家不能协调。

二四、小孩子们争吵，嬉戏，可怜哉“负担着尸体的小灵魂”——死的现象，可以使我们更清晰地认识现实。

二五、照直地去体会到使一件东西成为一件东西的那个动因，把那物质的部分隔离开，直下加以印证。然后决定每一事物在此种条件之下，能存在的最大期限究有多久。

二六、你遭遇无穷的苦恼，只因你不满足于“理性之按照其所当然的”去行事。不必再多说!

二七、有人责骂你，或对你表示出这种情绪时，立刻面对他们的心灵，钻到他们的心灵里去，看看他们到底是什么样的人。你就可以了解，他们对你的想法，你根本无需介意。可是你对他们还要怀着善意，因为自然界是要他们做你的朋友的。天神也曾想用各种方法帮助他们，例如托梦与神谕，去达到他们所愿达到的目标。

二八、宇宙的运转总是一个样子的，从上到下，从一周期到另一周期。宇宙的心灵也许在各别场合之中，起动机要有所作为——果真如此，你只好接受其后果——也许一劳永逸地只起一次动机，以后的事物只是顺序发生；这两种情形中，究竟发生哪一种情形，毫无关系，因为你可以说："这世界不过是原子而已。"至于整个宇宙，如果有神明，一切都会安排得好，如果只是偶然的机遇——你也只好被偶然的机遇所支配了。

不久我们全都会被埋到土下面去。土不久也要变，其结果是一变再变，以至于永久。一个人想到这永无止境的变迁，以及其变迁之速，他对世间一切都会不加重视。

二九、世界的动因像是一股激流，能挟一切以俱去。那些忙着搞政治而自命为哲学家的可怜虫，是多么不足挂齿啊！全是一些未脱襁褓的蠢材！那么，你意下如何呢？自然之道要你做什么就做什么，努力做！如果你有这一份力量，不要彷徨四顾怕有人知道。不要梦想乌托邦，有一点点进益就要知足，如有任何成果要认为是微不足道。因为谁能改变别人的意见呢？意见既不可改变，我们只能使人佯为信服之状，实则如奴隶一般被迫不得不如此罢了。算了吧！请你谈谈亚历山大、腓力普、法来容的底密特力阿斯[①]。他们是否体会到了大自然的意旨，而且训练自己以符合那意旨，那乃是他们自己的事。但是，如果他们扮演了悲剧主角，没有人会怪我不模仿他们。哲学的工作是简单而谦逊的：莫使我走入狂妄自大的歧途。

三十、对世界作一鸟瞰，看看那无穷尽的人丛，无穷尽的仪式，风暴或平静的海上航行，以及由出生而盛年而老死之人生变化。再想想，别人老早以前所过的生活，将来在你以后的生活，以及现在野蛮国家所正在过着的生活；多少人从来没有听见过你的姓名，多少人很快地就会忘记它，多少人现在也许赞美你而很快的又会诋毁你，身后的美名，现世的声誉，或任何事物，都是不足道的。

三一、对外来的一切不惊不慌，从内心主张而有所作为则保持公正；换言之，动机与行为全表现为人群而服务，因为这是符合你的本性的。

三二、许多不必要的烦恼你都可以摆脱，因为那些烦恼完全存在于你的想象中。你立刻就可以进入一个宽阔的境界——如果你把整个宇宙纳入自己的心中，把永恒的时间收入你的识界，体察各种事物之各个部分之无时不在急剧变化，由生至死之时间的短暂，以及生前的时间之浩瀚无涯，只有死后之无边的岁月差可比拟。

三三、你的眼睛所能看到的一切，不久就要消灭，看着那一切消灭的人们，同样地不久也要消灭；在侪辈中后死的人和那早年夭折的人在坟墓里是一模一样的。

三四、这些人的理性是怎么回事？他们苦苦追求的是些什么东西？刺激他们的爱恋与尊荣的又是些什么动机？用心眼去看看他们赤裸可怜的小灵魂吧！他们以为他们的咒骂就有害处，他们的赞美就有好处，真是何等的狂妄！

三五、损失与变化，完全是一回事。宇宙自然之道就喜欢变化，由于自然之道，现在的一切事物得以完成，亘古以来即是如此，将来以至永恒亦将如此。那么你为什么要说："一切事物都是坏的，并且将是坏到终极，并且神虽众多而并无裨益，并不纠正那些坏的事物，使得这宇宙被一连串的罪恶所束缚？"

三六、腐朽的种子存在于一切事物的基本质料里——水、土、骨、气！再说，大理石不过是小块的泥土，金银不过是渣滓，服装不过是一堆毛，紫颜色不过是一摊血。一切其他，亦复如是。灵魂也是另外一个类似的东西，容易从这个变成那个。

三七、这苦恼的一生，充满了怨愤与荒唐，实在令人厌烦啊！何必愤怒呢？这有什么新鲜？你惊讶的是什么？原因何在？要仔细考察一下。其本质如何？也要仔细考察一下。除此二者以外，便什么也没有了。讲到天神，现在虽然已经到了迫不及待的时候，你最好是向天神表示，你是一个变得更为纯朴更为善良的人。

你对这些苦恼的事所得的经验，延续了三百年或三年，那全然是一样的。

三八、如果他做错事，是他造孽，也许他没有做错呢？

三九、也许有一个智力的泉源，以后一切事物皆从那里发生而集合成为一个整体，那么其中的分子，便不该抱怨为全体利益而做的事，也许只是一些原子，除了原子的杂凑与分散便什么也没有。那么你何必烦扰不安呢？对你的理性这样说："你死啦！你朽啦！你变成一只野兽啦！你是一个伪善者！你是牛群里的一头牛！你和牛一起去吃草！"

四十、天神不是没有权力，便是有权力。如果没有权力，何必向他们祈祷？但是如果有权力，为什么不祈祷他们令你不怕"你所怕的东西"，不希冀"你所希冀的东西"，对任何事情根本不感哀伤。何必枝枝节节地祈祷"他们准许这事发生"或"拒绝那事发生"呢？因为，很明显的，如果天神能帮助人，在这一点上是能帮助人的。但是也许你要说："天神已经把这些事交由我来处理了。"那么，你就像是一个自由人似的，运用你的权力，不胜似奴隶一般的为自己无权处理的事而烦躁不堪么？谁告诉你说关于我们有权处理的事，天神不与我们合作？无论如何，为这些事而祈祷，看看结果如何？一个人祈祷：“我怎样才可以和那个女人睡觉！”你：“怎样才可以不起和她睡觉的欲念！”另一人：“我怎样才可以摆脱那个人！”你：“我怎样才可以不起摆脱那个人的愿望！”又一人：“我怎样才可以不失掉我的小孩！”你：“我怎样才可以不怕失掉他！”简言之，要这样祈祷，看看结果如何？

四一、听听伊壁鸠鲁[②]的说法：“我生病的时候，我不谈任何有关身体感觉的话，也不对任何来探病的人谈这些话，我只是继续谈论自然哲学的要点。特别着重这一点，心灵既然不能不共享肉体的感觉，如何可以不受烦扰而保障其固有之优越。同时我也不让医师们妄自尊大，好像他们是在做什么了不起的事，我照常快乐地生活下去。”如果你生病，要模仿他，遭遇其他任何紧急情况时亦然，因为每一派别都公认在遭遇困难时不可放弃哲学，亦不可和那些不学无知的人一起胡言乱语……专心致志于你目前的工作及你的工作所用的工具。

四二、你因为一个人的无耻而愤怒的时候，要这样地问你自己：“那个无耻的人能不在这世界存在么？”那是不能的；不可能的事不必要求。这个人只是必须在这世界存在的若干无耻的人之一。对于流氓、骗子或任何做坏事的人，都应作如是观。因为只要记着这类人是必须存在的，立即对这类人发生一些较好的感想。下述的想法也是很有益的：“针对着每一种错误行为，大自然给了人类什么样的美德了呢？”针对着无情的人，大自然给了我们同情，对另外一种人又有另一种美德来抵消。

在任何情形之下，你有力量去教训一个误入歧途的人，把他的错误指示给他。因为每一个做错事的人，都是认错目标而误入歧途。并且，你有什么受害之可言呢？你会发现，使你着恼的人们，其中没有一个做了任何足以伤害你的心灵的事。你所谓的吃亏上当，完全是存在于你自己的心里。

一个糊涂人做糊涂事，这其间有什么害处？有什么稀奇？注意是否你该怪你自己？如果你没料到他是这样的做事如此糊涂。因为你的理智应该能使你获致大概必至如此的结论。而你居然忘怀，对于他的做错事表示惊讶！

最要紧的是，你指责一个人忘恩负义时，你要反省。因为很显然的这错误是在你自己！无论你当初是信任了这样的一个人会对你守信义，或是在施恩时，并未于施舍过程中获得全部满足而希冀将来有所取偿。

你做一件善事，还有什么可希冀的？你做了一些与你本性相合的事，难道这还不够？你还想有什么报酬吗？好像是眼睛能看也要索酬，脚能走路也要索酬，眼和脚就是为这特殊工作而设的，做了这工作才算是尽了本分。人也是一个样，生来就是为加惠于人的，对人有恩惠或是用任何别的方式对公共利益有所贡献时，他正是尽了他的本分，得到了他所应得的报酬。

注 释

① 腓力普（Philippus），马其顿霸权之创立者，亚历山大之父。底密特力阿斯（Demetrius of Phalerum），亚典之雄辩家、政治家、哲学家、诗人，生于 340 B.C.。

② 伊壁鸠鲁（Epicurus），古代伊壁鸠鲁学派哲学之创立者。

卷十

一、我的心灵啊！你会不会终于成为善良的、简朴的、单纯的、赤裸的，比那包覆着你的那个躯体更为显而易见？你可能享受到一种亲爱温柔的甜蜜的心情？能否达到充实的境界，自给自足、无所希冀，对于有生命的或无生命的东西，不怀任何欲念以恣享乐；既不追求长生以便长久地享乐，亦不追求什么胜地或腻侣，而能满意于你的现状；欣赏你目前所有的一切，确能自信你目前所有的一切均系来自神明；凡神明所喜悦的，一定也是永远适合于你的；

梁实秋批注

斯多亚派哲学可以分为三个部门：物理学，论理学，伦理学。这一派物理学的内容，简言之，即是唯物主义加上泛神论。讲到这一派的理哲学，又含有两部分，一是辩证法，二是修辞学，二者都是一切思考的工具。奥勒留对于这二者都不感兴趣，犹之对于物理学门中之气象学不感兴趣一般。他感兴趣的是伦理学方面。据斯多亚派哲学，人生最高理想即是按照宇宙自然之道去生活。

并且确信神明以后也将为了保持这个“善的、公正的、美的、无所不包无所不涵的，创造万物育煦万物的”宇宙自然，而继续赋予你以一切；那一切毁灭之后，再出现同样的新的事物；你是否能终于和神明与人类和平共处，不挑剔他们，也不受他们的责骂？

二、体察一下你的本性所要求于你的是些什么？因为你是只受“你的本性”所支配的，然后就高高兴兴地去做；如果这样做去，你的本性作为一个活人不至于受损。其次便是要体察“作为一个活人的本性”所要求于你的是些什么？你必须完全接受这个要求。如果作为一个有理性的活人，你的本性不至因此而受损；凡是合于理性的，亦即是合于人群的；要符合于这些原则，此外无需旁求。

三、一切发生的事，你天生地适宜于忍受，或不适宜于忍受。如属前者，不必抱怨，按照你能适应的能力去忍受好了。如属后者，亦不必抱怨，它把你毁掉之后它自身亦将消灭。无论如何你要知道，你本来有忍受一切的能力：一件事之可否忍受，完全看你的想法如何而定，看你是否以为这样做是符合你的利益与义务。

四、如有人犯错，好好地指点他，告诉他错在哪里。如果办不到这一点，怪你自己，甚至连自己也不必怪。

五、你所遭遇的事乃是自永恒起就为你安排下的，其盘根错节的因果关系，也是自永恒起即已安排下了，把你的生命和某一事件之适时发生交织成为一个组织。

六、无论这宇宙是一团原子或是自成为一个自然的体系，有一点是可以确信不移的；我乃是这受自然控制的这个宇宙之一部分。第二，我与其他的同性质的各部分有密切的关系。因为常常记着我是其中的一部分，则对于这整体所分配给我的任何事物将不至愤懑。对整体有利的绝不会对一部分有害，因为整体不含有对本身不利的东西，一切事物都有这样的一个共同原则；而宇宙自然有一格外的特点——不受外力压迫而产生任何有害于本身的情事。

> **梁实秋批注**
>
> 奥勒留关心的乃是如何做与公共利益相符合的事，他的生活态度是积极入世的。

只消我记着："我自己是这样的整体之一部分"，我对一切发生之事就会感觉愉快，只消我与同类的各部分保持密切的关系，我便不会做任何背叛人群的事；我会关心与我们同类的各分子，尽全力去做有关公共利益之事，不做任何与这相反之事。这样做了，生活一定会顺利地进行下去，恰似一个为大众谋福利的公民，他高高兴兴地接受国家所交派他的任务，一定是生活愉快的。

七、整体的各个部分，宇宙所有的一切，不可避免地要消灭。所谓"消灭"即是"变化"之谓。但是如果这个过程对他们而言是件坏事，而且是不可避免的坏事，那么整体也必永远不能满意地工作下去；因为各部分总是在变而又变，并且生来就注定要在不同方式下消灭的。难道宇宙自然动手把坏事带到她自己的各个部分，不仅使各部分陷入罪恶，而且必然地陷入罪恶？难道宇宙自然不知道其情形是如此的？这两种可能均不足置信。

但是假使我们把“宇宙自然”这个名词撇开不提，并且解释说这些事物乃是“自然的”如此这般，那么一面主张说整体中各部分自然的要有变化，一面对于各种事物之解体成为原来的组成分子又表示惊讶与苦恼，这态度实在是太荒谬了。因为，我所组成的原质总有一天要分散，再不然就是要起一种变化，由固体变为泥土，由精神变为空气，经过变化后复归于宇宙的理性里去，轮回地由火来烧炼，或是借了无穷的变化力而推陈出新。

所以，不要以为那固体和精神，是在你生的时候即已开始属于你了。那只是昨天或前天，由于你吃的东西与你吸的空气而长成的。要起变化的乃是你所摄取的这一部分，并非是你的母亲胎里的产物。纵然你的母亲所生的那一部分和你后来生长的一部分有密切的关系，我认为这种想法对于我们的论点并无任何影响。

八、假设你自己享有这些美名：一个好人、一个谦逊的人、一个说实话的人、心地明白、富有同情、胸襟宽阔，要注意这些美名是不可更动的。如果你失掉这些美名，要赶快弄回来。要想着，所谓“心地明白”者乃是说“你能洞察一切而且思想彻底”；所谓“富有同情”者乃是说“你甘心情愿地接受宇宙所分配给你的那一份”；

所谓“胸襟宽阔”者乃是说使我们的心情超然于“肉体方面的苦乐顺逆”、超然于“虚名的追求、对死亡的恐惧以及其他类似之事”。只要使你自己有资格享有这些美名，不汲汲于要别人这样地称赞你，你便是一个新人，并且进入一种新生活了。因为顽固不化，而由着生活来腐蚀；这表示一个人之过分的迟钝与过分的迷恋人生，与竞技场中和野兽搏斗而被半吞噬的人们真可以等量齐观；已经血肉模糊，还要乞求再活一下，明天再被投入场中，再带着残伤，让那利爪锐牙再撕扯一顿。

那么，你就拥有这几项美名吧，如果你能保持这些美名，你就像是一个已经航行到“幸福之岛”的人一般。但是如果你还觉得是在漂流不定，不能到达目的地，鼓起勇气到一个角落里去加强你的把握，或是甚至整个地舍弃这人生；不是出之于愤懑，而是出之于单纯、自由、谦逊，总算在这一生中把这一件事做好，这样从容地离去人生。帮助你记住这些美名之最好的办法便是：常常想着神明，神明要的不是谄媚，要的是一切有理性的人都要和他们一模一样，一个人应该做一个人的工作，犹之一株无花果树应该做一株无花果的工作，一条狗应该做一条狗的工作，一只蜜蜂应该做一只蜜蜂的工作。

梁实秋批注

在奥勒留看来，自杀有时候是可以被允许的，尤其是外界环境使美德的生活成为不可能时，或一个人发现自己无法过一种真正的生活时。

九、嬉戏、战争、怯懦、麻木、奴役——这些事一天天地会把你这崇奉自然者所理解的、所接受的那些神圣原则完全抹煞掉。但是你对一切事、做一切事，都要做到这一地步，眼前的工作要办得通，同时思虑要运用得周到，由真知灼见而来的自信心要稳定不移、含蓄不露，而又光明不晦。

你什么时候才能享受“由淳朴而来的快乐”？“由尊严而来的快乐”？“由认识各个事物而来的快乐”，其本质如何，在宇宙中占有如何位置，寿命可以延长多久，组织成分如何，能属于何人，谁能把它给人，谁能把它取走？

十、一只蜘蛛捉到一只苍蝇而沾沾自喜；一个人捉到一只兔子而沾沾自喜；另一人网得一条小鲱鱼而沾沾自喜；又一人捕得野猪而沾沾自喜，更有一人获熊而沾沾自喜，还有一人击败了萨玛西亚人[①]而沾沾自喜。你若是考察一下他们的行为的原则，这些不全是强盗吗？

十一、对于万物之交相变化，试作一系统的观察，密切注意这一门学问，勤加研究。能使胸襟开阔的学问盖无过于此者。一个人若肯这样做，他就会撇开他的躯壳，而且一经觉悟到，他几乎立刻必须放弃一切、远离人寰，他就会全神贯注地在行为中力求公正，在任何遭遇中都会把自己交给宇宙自然。别人对他如何议论、如何存想、如何对待，他根本不加考虑，因为下列二者使他心安理得——现前一切行为是公正的，现前的命运是满足的。他放弃一切烦恼与野心，他别无愿望，他只要依照自然法则坚守一条正途，寻到正途之后便追随神明的步踪。

十二、需要自己决定如何去做的时候，何必迟疑？如果你能看清你自己的路子，高高兴兴地走去，不要转向；如果你看不出路子，退回去和顶高明的人商量商量；如果有什么别的障碍发生，秉持显然公正的原则，尽可能地审慎地向前迈进好了。因为一举成功固然最好，不成而失败将是唯一的失败。

悠闲而不慵懒，愉快而又镇定，做一切事均追随理性者即是如此。

十三、从睡中起来立刻就要问你自己："如果由别人做一桩公正合理的事，而不是由你做的，这在你看起来可有什么不同么？"没有什么不同。难道你已经忘记了，对别人妄加毁誉的人，在床上、在饭桌上总是这个样子的；他们做的是些什么事？他们避免的与追求的又是些什么事？他们如何地偷窃掠夺，不用手脚，用的是他们的最珍贵的那一部分，靠那一部分一个人是可以产生出信仰、谦逊、真理、规律与良好的"精神"？

十四、有良好教养的谦逊的人，对有权给予、有权收回一切的大自然说："你愿给什么就给什么，你愿收回什么就收回什么好了。"但是他说这话并无逞强之意，只是出之于纯然的服从与善意。

十五、你没有好久的时间好活了。要像是住在山上一般地活下去；因为无论住在这里或那里都没有关系，只要他能像是一个世界公民似的生活下去。让人们把你当作为一个按照自然之道而生活的人看待。如果他们不能容忍你，让他们杀掉你。因为这样总比过他们那样的生活好些。

十六、从此莫再讨论一个好人应该是什么样子，去做一个好人！

十七、要不断地把时间看作为一个整体，把本质看作为一个整体，把每一件个别的事物在本质上看作为一个无花果的种子，在时间上看作为钻子的一转。

十八、对于每一存在的事物仔细注意，要想着它是已经在解体中，在变化中，也可说是在腐化与消散的状态中，或是要想着一切事物天生的是要死亡的。

十九、人们在吃东西，睡觉，交媾，排泄及其他等等的时候，是怎样的一副丑态！盛气凌人的时候，妄自尊大的时候，自己高高在上而还忿忿不平，或是责难别人的时候，又是怎样的一副嘴脸！其实刚刚不久以前，他们对多少人俯首听命，为了什么样的事而忍气吞声，再过不久他们又当如何呢？

二十、宇宙自然所带给每一事物的都是对那一事物有益的，而且是在于它有益的时候带给它。

二一、“大地是和霖雨相恋爱，庄严的天空也是在恋爱中。”宇宙也是像在恋爱中一般热心地去生产一切必须生存的东西。所以我对宇宙说：“我要和你一道去爱。”我们是不是有这么样的一种说法：“这个东西或那个东西变成这个样子？”

二二、或是你生活在这里并且已经觉得习惯；或是你离开这里到别的地方去并且完全出于自愿；或是你尽完了你的职责而死掉，此外别无他途，鼓起兴致来吧。

二三、永远要看清楚，一个人居住的地方就是像我所告诉的那样，在山顶、海边上或任何你所欢喜的地方，情形完全是一个样。你会发现柏拉图的话颇为适切：“被城廓所环绕，犹如在山上挤羊奶时被群羊所环绕。”

二四、我的理性究竟是什么？我现在使它成为什么？我现在是怎样地用它？它是不是没有智慧？是不是与乐群善邻的天性完全隔绝？是不是与肉体沆瀣一气以致被肉体所支配？

二五、弃主远飏的人便是一个逃亡者。法是我们的主人，违法的人便是逃亡者。被悲哀或愤怒或恐惧所激动的人，总是希冀“那宇宙的主宰或支配人生命运的法则”能使“过去已经发生的、现在正在发生的或将来要发生的”某一些事不发生。所以被恐惧或悲哀或愤怒所激动的人便是逃亡者。

二六、一个人把精虫放进子宫里，走开了，然后另外的机缘把它接过去，在上面下功夫，制成一个婴儿——这工作完成得何等美妙！婴儿吞食下咽，不久另一机缘把它接了过去，制造感觉与动作。简言之，赋予生命与力量，以及许许多多的稀奇奥妙的东西！想一想这一些在暗秘中完成的事，侦察那个动因何在，恰似我们侦察那使一件东西下去，另一件东西上来的那股力量一般；虽然用眼睛看不见，但并不因此而看不清楚。

二七、要不断地想着：目前存在的东西，远在我们有生之前即已存在，而且须知在我们身后将依然存在。把你经验中所看见过的，或从历史上学得的，一幕又一幕的重复的戏剧表演，都放在你的目前温习一遍，例如：哈德良[②]之整个朝廷，安东尼·派厄斯[③]之整个的朝廷，菲力普[④]之整个的朝廷，以及亚历山大的，克罗索斯[⑤]的。这些情景与我们目前所见的毫无二致，只是演员不同。

二八、为了任何发生的事而感苦恼或不满的人，应视为在祭祀时作牺牲而挣扎嘶叫的一只猪；一个人独自躺在床上，默默地伤叹着命运的枷锁，也像是那只猪。须知只有理性的人，才会自动地接受一切，盲目地服从乃是一般生物的必然现象。

二九、你做每一件事，逐步停下来问自己：“死亡是不是可怕的，为了不能做这一件事？”

三十、别人的错误行为使得你震惊吗？回想一下你自己有无同样的错误；例如：把钱当做好东西或乐事，或追寻无聊的美名等等。因为这样一想，你便很快地忘记你的愤怒，并且还可以自行宽解——这人是不得已，他有什么办法呢？或是，如果你有办法，铲除那不得已的情形。

三一、看见萨提隆，就要想起苏格拉提克斯，或优提克斯，或海门；看见优弗拉提斯，就要想起优提济昂，或西凡诺斯；看见阿西佛龙，就要想起超派奥佛勒斯；看见塞佛勒斯，就要想起赞诺芳或克利图；看看你自己，就要想起已往的恺撒之一，到处均可依此类推。然后你再想想：他们如今哪里去了？不知哪里去了，没人能说是什么地方。你经常对于人事即应视若烟云；尤其是当你想到凡事一经变化即永不存在的时候，更应作如是观。那么何苦勉强挣扎呢？为什么不以优游地度过这短暂的人生而自满呢？⑥

何等的资料，何等的工作机会，都被你放弃！这不全是为了精确考察人生全部而运用理性的对象吗？继续运用你的理性，直到你已吸收了那些真理，犹如健强的消化吸收了食物，熊熊的火把投进去的一切变成了光与热。

三二、不要令任何人有权指说你不是一个诚恳的人，不是一个好人，要令任何对你作此种观感的人，成为是说谎的人——这一切由你决定。因为谁能阻止你成为诚恳与良善的人？如果不能成为这样的人，下决心不要再活下去。因为在此种情形之下，理性也不坚持要你活下去。

三三、讲到我们的人生资料，怎样说，怎样做，才算是合于健全之道呢？怎样说、怎样做，到头来还是由你自己来决定。不要推托说你受了什么阻碍，你永远不会停止抱怨的，除非你有一天能随时随地利用人生资料，有如享乐者之纵情于耳目声色之娱。因为一个人按照本性做事，应该认为是一种享受，而且到处他都有力量这样去做。

我们知道，一个圆筒并没有力量到处滚转，水、火或任何其他由自然控制的东西，或由无理性的灵魂所控制的东西，均不能自主活动。但是智慧与理性却能按着他们的本性与意志冲破一切障碍向前迈进。试为悬想，理性之突破障碍是如何的顺利，犹如火之向上，石之下落，圆筒之就坡而滚，无所顾虑。其他一切障碍，或仅是影响这死板板的肉体的躯壳，或除非经由想象及理性本身之许可，全然不能对我们有何伤害，否则受打击的人立刻要变坏了。

讲到其他一切的生物，其中任何一项如果遭遇什么灾害，其本身必定吃亏。但是一个人遭遇这种情形，善于利用灾害，会变得更好，更值得称道。简言之，要记住：自然既已使你成为一个市民，凡不损及于市者，当然亦不会损及于你；不损及自然法则者，当然亦不会损及于市。所谓意外之事，没有一件伤害到自然法则。那么不伤害自然法则者，当然亦不会有损于市及市民。

三四、对于一个有道之士，浅显而至简的格言即足以警醒他勿陷入悲哀与恐惧。例如："芸芸众生犹如风扫落叶。"

你的儿女即是小小的叶子。大声喊叫，以为有人会听的人们，散布谀词的人，或是相反地散布咒骂的人，或是背后诋毁的人，都是些叶子。给我们传递身后美名的人，也是些叶子。因为这一切"到了春季便又发芽"，不久风又把他们吹落，树林中再生出新叶子代替他们。短暂是一切事物的共同命运，但是其中没有一桩——你不苦苦追求或避免，好像那是永久存在的一般；过不了好久你便将闭上眼。是的，抬你入墓的那个人，不久将又有人为他唱起丧歌。

三五、一只健全的眼睛应该能看到一切可看到的东西，但是不能说："我只要绿颜色的。"因为那乃是一只病眼的特征。健全的听觉与嗅觉，应该能听到嗅到一切可听到可嗅到的东西。健全的消化力对于一切营养品，应该像是磨坊对于谷类一般予以加工制炼。同样的，一个健全的心应该准备应付一切遭遇。但是这心如果说："让我的儿女获得安全！让一切人赞美我的一切举动！"这心便无异于是专找绿颜色东西的眼睛，或专找软东西的牙齿。

三六、没有一个人是如此之幸运，临终时身边没有一两个人表示欢迎他的不幸的遭遇。尽管他是一个好人、聪明人，终归总有人在心里自言自语："现在我们可以喘息了，摆脱了这位教师，并不是说他对我们有什么苛待，而是我一直在感觉得他是在默默地诅咒我们。"好人尚且如此，以我们自己的情形而论，成千成百的人必将有更充分的理由为了我们的去世而庆幸！临死时想到这一点，你将比较安适地脱离人生。如果你这样地推论：我现在要脱离人生了，在此一生中我最亲近的人们，我曾为他们如此的辛劳、为他们祈祷、为他们烦心，他们都会愿意我离开，希望从中或可得到更多的舒适；任何人又何必在这世上恋恋不舍呢？

不过你要走开了，不必因此而对他们有所介意，要保持你的本来面目，依然是和蔼大方，不要像是强被夺去；脱离人生要像一个人善终时，灵魂脱离肉体那般的安然自在。因为是宇宙自然把你们结合在一起，现在自然把这个结解开了。我离开人群，就像离开亲属一样，不是被硬拉开的，而是无抵抗地走开。因为这分离也是自然的一个步骤。

三七、关于别人做的每一桩事，要尽量养成习惯反问自己："这人怀着什么目的？"但是先从自己开始，先检讨自己。

三八、要记住，真正牵线的是我们内心中的那个隐秘的东西，它给我们言词，它给我们生活，它使我们成为人。你在心里揣想它的时候，切不可把外面的躯壳也算在内，也不可把那些附属的器官计算在内。那像是工人的手斧一样，所不同者是他们天生的长在身体上而已。这些部分，一旦脱离了那使他们活动并使他们存留的动因，便毫无用处，犹如织工的梭、作家的笔、驭者的鞭。

注 释

① 萨玛西亚人（Sarmatians）于一七四年左右成为罗马之敌人。他们乃斯拉夫民族之一，居于现今之波兰与俄罗斯一带。其妇女亦骁勇善战。

② 哈德良以豪华之宫廷著名。

③ 安东尼·派厄斯指 Pius Antoninus，罗马第十五任皇帝（138 A.D.—161 A.D.）。

④ 菲力普（Philip），马其顿国王，亚历山大之父。

⑤ 克罗索斯（Croesus Lydia）国王，以豪富称，统治时代是 560 B.C.—546 B.C.。

⑥ 此段提及的人物资料如下：萨提隆（Satyron），与奥勒留时代相近之哲学家；苏格拉提克斯（Socraticus），较早之哲学家；优提克斯（Eutyches），较早之哲学家；海门（Hymen），较早之哲学家；优弗拉提斯（Euphrates），作者撰文时尚存之苦修派哲学家，主张哲学家应为干练世务之人，行政人才，法官，被哈德良命令服药死；优提济昂（Eutychion），较早之哲学家；西凡诺斯（Silvanus），较早之哲学家；阿西佛龙（Alciphron），作者撰文时以前不久尚存之诡辩家；超派奥佛勒斯（Tropoeophorus），较早之哲学家；塞佛勒斯（Severus），亚里士多德逍遥学派哲学家，可能是奥勒留的女婿之父；赞诺芳（Xenophon），希腊历史学家哲学家，生于 430 B.C.；克利图(Crito)，苏格拉底的朋友。

卷十一

一、理性的灵魂之作用如下：它看见自己，剖析自己，按照它自己的意志而铸造自己，自己收获自己的成果；植物界的果实以及动物之类似的产物则由他人收获；无论生活的界限划在什么地方，它都能达成自己的目标。在跳舞演剧以及类似的技艺中，如有任何间断，则整个的动作即不完美。但是理性的灵魂，在每一部分，或从任何一点来看，都表示出其所从事的工作，是完成了的而且是充分的，所以它可以说："我已充分地具有

梁实秋批注

奥勒留经常谈到死。他甚至教人不但别怕死，而且欢迎死。他慰藉人的方法之一就是教人想想这世界之可留恋处是如何的少。一切宗教皆以"了生死"为大事。蒙田说："学习哲学即是学习如何去死。"如果"了生死"即是了解生死之谜，从而获至大智大勇，心地光明，无所恐惧，我相信那是可以办到的。所以在我心目中，宗教家乃是最富理想而又重实践的哲学家。至于了断生死之说，则我自惭劣钝，目前只能存疑。

了我们的东西。”

不仅此也，它走遍整个宇宙，以及环绕着宇宙的太虚之境，寻察其构造之计划，伸展到无限的时间里去，了解一切事物之循环的再生，加以估量，看出我们的子子孙孙亦不能见到什么新鲜事物，犹之我们的祖先亦从未比我们见得更多。所以一个四十岁的人，如果有一点点聪明，由于古往今来之如出一辙，他可以说已经看到一切曾经发生或将要发生的事了。理性的灵魂尚另有特点，那便是对我们的邻人的爱，诚实与谦逊，不把任何事物看得比自己更重要——这也正是法律的一大特色。所以说正确的理性与公道的理性实在是遍存于宇宙的一件东西。

二、对于美妙动人的歌舞和角斗，你是不会重视的；如果你把那美妙的调子分析为单独的声音，然后就每一个声音反问自己：“这能控制我吗？”你绝不肯这样自承。跳舞也是一样，如果你把每一动作每一姿势都一一分别地观察。角斗也是一样。简言之，除了美德及其运用之外，皆要记住观察其组成分子，一加分析之后，便可加以鄙视。对于整个人生亦可同样处理。

三、必要时即可脱离肉体，消灭、飞散或仍凝聚，那是何等高贵的灵魂！但这种有备的状态，须出之于一个人的内心的判断，不可只是顽抗的结果“像基督徒那样”。须要附带着审慎与尊严，并且如果要别人信服，不可带有任何戏剧表演的性质。

四、我做了什么有益于公益的事了么？我已受了充分的报酬。永远要作如是想，不可懈怠你的努力。

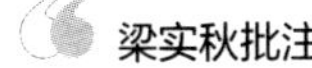

基督教以顽强抵抗迫害而著名。在奥勒留时代，严重的迫害之事曾屡次发生，不过奥勒留本人对于基督教之顽强抵抗的精神似并无恶意。

五、你所擅长的是什么？“做一个好人。”但是如果不在一方面对宇宙的本性有正确的认识，在另一方面对人的特殊机构有正确的认识，如何能够获得成功呢？

六、原来悲剧之演出，乃是为了把一些真事提醒观众，告诉他们这些事件是自然发生的，在舞台上你觉得如此好玩的事，在人生大舞台上遇到时，正不必为之烦恼。因为这些事是必须要经历的，就是喊“啊，西载隆①！”的人也必须忍受那些不幸。是的，戏剧里颇有些有用的警句，例如：

“虽然上天遗弃了我和我的儿子们，这其间必定也有个缘故。”②

再如：

“对事发怒是毫无用处。”③

还有：

“我们的生命就像是成熟的麦穗一般被刈获。”④

此外还有很多，不胜枚举。

悲剧之后有旧喜剧，言词豪放，其言词之坦白可视为对于放荡不羁的一种警告。差不多以同样的情形第欧根尼也扮演了这一角色。

此后，中期喜剧兴起，然后是新喜剧，一点点地堕落成为技巧的模拟。这些作品中也有些有益世道人心的话，这是大家公认的。不过诗与戏剧的作品究竟怀有什么样的目的呢？

七、那是何等的明显，没有一种生活，比你现在所处的生活更适宜于作哲学之运用。

八、从邻近枝上砍下来的一枝，必定也是从整棵树上砍下来的。同样的，从一个人分隔开的一个人，也必定是从整个人群中分隔开了。一个枝子是被人砍下来的，一个人与他的邻人隔离却是由于恨他、遗弃他，而自动地与他隔离；并且不曾觉察他这样做乃是与整个人群隔离。但是注意那建立人类合群精神的神明，给了我们什么样的秉赋。我们有力量能和邻近的枝子长在一起，与整个再凝和无间，不过此种裂痕如连续发生则脱离的部分很难再黏和起来恢复原状。一般而论，起初即和树一起生长一同生活的枝子，和切下来再补接上去的枝子，大不相同，这是园丁都会告诉你的。纵然同一躯体，却不再同一心。

九、在理性的正途上，阻止你前进的人，永远不能妨碍你做正当的事。那么，也不要令他们夺去你对他们的和蔼的态度；要在两方面同时提高警觉。不仅在判断与行为方面坚定不移，对于企图阻碍你在正途上发展或在别方面使你感觉芒刺在背的人们，也要保持和蔼的态度。老实讲，对他们发怒乃是一种脆弱的征象，和畏首畏尾受吓让步是一样的。二者有其一，便是同样的放弃岗位，一个是有如懦夫，一个是判离亲朋。

十、“自然总是不比艺术差。”因为艺术乃是模仿自然者。如此说不为过，则自然中之最优美最完整的部分，绝不可能被艺术所超过。在每种艺术里，低级的事物乃是为了高级的事物而被创造的；在宇宙自然方面，亦复如是。是的，公道的起源即在于是，其他的美德则均由公道而生；因为如果我们重视了无足轻重的东西，或易于受骗，或掉以轻心，或意志不坚，则公道便不能维持。

十一、有些事物，追求固然苦恼，避免也是苦恼，其实那些事物并未来找你，是你去找它们的。所以你对那些事物的判断须要保持冷静，那些事物也自然不来扰你，你也不会再去苦苦追求或竭力逃避。

十二、灵魂乃是一个美妙的圆体，既不向外界任何事物伸展，亦不向自身内部退缩，既不扩张，亦不紧缩，而能射出光明，洞察一切事物之真相以及自身内心之真相。

十三、有人轻蔑我，将如何办呢？那是他的事。在言行方面不做出任何令人轻蔑的事，那可是我的事。有人嫉恨我，将如何办呢？那是他的事。但是我对任何人总要和善，就是对我的敌人，我也要随时指出他的误解，不用谴责的口吻，亦不夸耀我的宽宏大量，而是诚恳爽直如那著名的福西昂[5]；除非他说那句话时也是带着讽刺。

一个人的内心就应该如是，让天神知道他对任何事物均不愤慨，均不认为是灾难。噫！什么灾难会临到你的头上？如果你自己现在做与你本性相合的事，欢迎宇宙自然所认为适时发生的事，渴望的是于公众有益的事总要设法使之实现。

十四、彼此互相轻蔑，但是他们还要彼此互相阿谀；渴望胜过对方，但是他们还互相在对方面前匍匐。

十五、那人是何等的腐败，何等的虚伪，竟大声宣称：“我决定要正直地对付你！”你这人，你做的是什么事？你无需这样表白，那应该刻画在你的前额上。你的声音里有一种回响立刻会表示出你的决心，从你的眼神里会直射出你的决心，恰似一个人在恋爱中从他情人脸上一眼即可望出其心中的秘密。单纯而良善的人，就好像是身上带着一种味道，一经走近，他的邻人无法不嗅到。冒充单纯的人像是一把短剑，狼对羊讲交情，是天下最可恶之事，这是务必要避免的。良善的人、和蔼的人、诚恳的人，在他的眼神里会显露出他的特质，无可隐藏。

十六、人心中本有一种力量，使他永久过最高贵的生活，对于无关紧要的事宜淡然处之。如果他把这些事分开来，就各部分逐一检视或从整体上做全盘之考察。同时记住：这些事并不能强令我们对它抱任何见解，亦不能逼人而来，则他必定会淡然处之。这些事原是安静不动的，是我们自己对它们做某种判断，并刻画在我们的心上。其实我们大可不必把那些判断刻画在心上，而且如果是它们偷袭到心上来，亦可立刻把它们涂擦掉。还要记住！对于这些事情我们也管不了多久，因为生命即在须臾。但是何必抱怨一般事物的乖戾呢？如果这是自然的意旨，要欣赏它们，不要认为对你是困苦。如果它们违反自然的意旨，寻找合于你自己本性的事，奋力以趋，纵然那不能给你带来美誉。每个人追求于他自己有益之事，是可以令人谅解的。

梁实秋批注

人的灵魂也是从神那里放射出来的，而且早晚还要回到那里去。主宰一切的神圣原则即是使一切事物为了全体的利益而合作，人的至善的理想即是有意识地为了共同利益而与天神合作。

十七、想一想每样东西是从哪里来的，由什么构成的，将变为什么，已变之后成为什么东西，并且它是不会受什么损失的。

十八、第一：考虑一下你对人类的关系，我们生到世上原是为了彼此互助；从另一观点来看，我来到世上已君临众庶，有如羊群中之牡羊，牛群中之牡牛。先从这一前提设想：如果不是一盘散漫的原子，那么必是有主宰一切的自然。如后者是，那么较低级的乃是为了较高级的而存在，较高级的乃是为了其中彼此而存在。

第二：在用餐时、在睡卧时，以及其他的场合，他们是何等样人？尤其是他们在思想上，自甘屈服于什么样的宗旨，所作所为令他们自己如何地自鸣得意？

第三：如果他们在这事上做得对，我们无需发怒；如果不对，显然地不是出自他们的本心，只是出于无知。每一个灵魂都不会自甘情愿地放弃真理，同样的也不会自甘情愿地失去公正待人的能力。无论如何，这种人是不甘心被人称为不公正、冷酷无情、贪婪无厌，简言之，害群之马。

第四：你自己也和别人一样常犯错误，如果有某种错误你并未犯，你未尝没有犯那错误的倾向，只是由于怯懦、爱惜名誉或其他卑鄙的考虑而没有犯错罢了。

第五：你尚未证明他们是做错了事，因为有许多事是为了“权宜之计”而做的。一般而论，一个人在给别人的行为下“正确判断”之前，必须要弄清楚许多事。

第六：你勃然大怒甚至是不耐烦时，要想想人生是短暂的，不久之后我们将同归于尽。

第七：实际上使我们恼怒的，并不是人们的行为——因为那些行为属于“他们的”理性的领域——而是我们对这些行为的看法。铲除那种看法，放弃把这行为视为灾祸的结论，你的恼怒便不复存在。如何铲除那种看法呢？须知别人的行为，并不能成为我们的耻辱。因为除非耻辱是唯一的罪过，你也不可避免地要犯许多错误，变成为一个强盗以及其他。

第八：要想一想，我们对这样的行为所发生的愤怒与烦恼，比那引起我们的愤怒与烦恼之行为的本身，其后果要严重得多。

第九：和气是不可抵御的，只要是诚恳的，不是假装笑脸，不是戴假面具。顶凶暴的人能对你怎么样呢？如果你一直地对他和和气气，乘机委婉地劝他，在他正预备伤害你的时候，静静地纠正他说：“不可，我的孩子，我们生来不是为了做这样事的。我不会受到什么伤害，你是在伤害你自己，我的孩子。”巧妙地泛泛地令他明白情形确是如此，蜜蜂或任何有合群的本能的动物都还会这样做。但是你不可带有讥嘲或谴责的口吻，要亲爱精诚，不含丝毫敌意，不可像是教训，亦不可有意卖弄给旁观的人看，而好像他是独自在那里，虽然有人在场。

仔细想想这九条规律，要把它们当做天神的赠予看待，趁你一息尚存之际赶快开始做人。要注意！对人发怒固然不好，同样的亦不可奉承人，二者都是不合于群性而且会导致损害。怒气将被诱发时，应作如是想：发怒不是丈夫气概，和蔼的性格较合于人性，亦较富于男性。是和蔼的人，不是易于发怒和易于抱怨的人，秉赋有力量、胆量与勇气。一个人越近于宁静，越近于强有力。悲哀是一种脆弱，愤怒也是。二者皆能使人受伤，皆能令人崩溃。

如果你愿意，请从九位艺术之神的魁首阿波罗接受第十项赠予，那便是：“希望坏人不做错事乃是疯狂”；因为那乃是希求不可能之事。容忍他们对别人胡作非为，而希冀他们不对你胡作非为，那乃是冷酷而残暴。

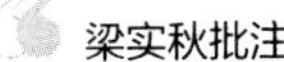

斯多亚派哲学家虽然律己甚严，但承认有时可以不择手段，只要目的正确。

十八、你须不断地注意理性上的四种变态，一经发现，便须完全弃绝；在每一情形之下，这样地对你自己说："这个想法是不必要的；这是要摧毁人的好关系的；这不可能是由心里说出的真话。"——不是从心里说出的话，这不是名词的矛盾是什么呢？——第四种情形便是自怨自艾，这等于是承认：你的神圣的部分已屈服于那卑劣凡俗的肉体及其粗拙的乐趣。

二十、你的灵魂以及你体内所含有的一切的火的部分，其本性是上升的，但是为了遵从宇宙的体系却被牢牢地关在你的躯壳里，停留在人世间。你身中之上的部分以及潮湿的部分，虽然其本性是下降的，却还挺立着，占据着一个不合他们本性的位置。所有的元素都是在服从整体，严守岗位，直到最后号角响时解除它们的任务。

只有你的理智的部分不安于位，叫嚣反抗，这不是怪事吗？除了必须适于它的本性以外，并无任何东西缚着它；但是它不服贴，它采取相反的路。对于不公正的放肆的行为之每一倾向，对于愤怒、悲哀与恐惧之每一倾向，都表示出一个人之背反了自然本性。是的，一个人的理性如果为了任何遭遇而感觉烦恼，那时节它便是放弃了它的岗位。因为一个人而有理性，不仅是为了公道，也是为了虔敬，为了给神明服务。所谓虔诚服务，实即包括在真正的乐群精神之中，其重要且在行为公正之上。

二一、人生目标不能终身不变的人，他本人便不能终身不变。这样说还不够，还要补充说明：那目标应该是怎样的目标？因为大多数人认为好的一切事物，大家的意见未必一致，只是于公众利益有关的特殊事项才能获大家一致支持，所以我们也必须把公共利益悬为我们的目标。一切个人努力趋向于这一目标者，他的行为一定是步履齐一，而且永久不变。

二二、不要忘记城里老鼠与乡下老鼠的故事，以及后者之惊吓恐慌[⑥]。

二三、苏格拉底曾戏称民众的意见"妖精"，吓孩子的鬼怪。

二四、斯巴达人在公共仪式中总是有荫凉的座位派给来宾，自己随便坐在哪里。

二五、苏格拉底拒绝波狄卡斯[⑦]的邀请到他宫里去，他说："我不肯死得没有体面。"那意思是说我不肯接受恩宠而无法报答。

二六、伊菲索斯人[⑧]的作品里记载着一则劝告，要经常怀想一位道德高尚的古人。

二七、看，皮塔哥拉斯派哲学家们说："早晨起来看看天，以便怀想天上的星辰，如何永久地循着同一轨道，同样地完成他们的工作，他们的有秩序的体系，他们的纯洁，他们的赤裸。"因为一颗星是没有面幕的。

二八、赞蒂碧[9]拿走了苏格拉底的外套，想一想裹着羊皮袄的苏格拉底是什么样子，当他的友人见如此着装而羞惭地离去时，想一想他对他们所说的话。

二九、在读书与写作上，在指点别人之前，先要学习接受别人的指点。在生活上格外需要如此。

三十、作为一个奴隶：推究事理不适合你。

三一、……我的内心在欢笑。

三二、他们将谴责德行，对她说苛刻的言辞。

三三、只有疯人才在冬天寻找无花果。无力再育却寻求子嗣者同此。

三四、埃皮克提图说：“一个人亲昵地吻着他的孩子时，应该在心里低声说：‘也许明天你会死掉的。’这话好不吉利！“不！”他说，“凡表示自然程序者，均不得视为不祥之兆。否则谈起谷穗之刈获，也可视为不祥之兆了。”

三五、生葡萄，熟葡萄，干葡萄，——在每一阶段里我们有一种变化，不是变化到乌有，而是变化到一个尚未实现的境界。

三六、听埃皮克提图说:“没有人能夺去我们的意志。”

三七、他又说:“我们表示同意须有一套原则，在行动方面须要注意顾虑到环境条件；须要不损及邻人的利益；须要有相当的价值。我们必须完全克制欲望，对于我们不能控制的事不必规避。”

三八、他又说:“所要解决的并非等闲之事，乃是我们要不要做一个头脑清醒的人。”⑩

三九、苏格拉底常说:“你想要什么？理性动物的灵魂还是无理性动物的灵魂？理性动物的灵魂。哪一种理性的动物？健全的还是邪恶的？健全的。那么为何不努力追求呢？因为我们已经有了。那么为何还要打闹争吵呢？”

注 释

① 西载隆（Kithaeron）是 Attica 北部一山脉名。语见 Sopinocees，Oelilus Rex，1991。Oedipus 发现他已应了他可怕的命中注定之事，乃发此呼声。他曾在幼时被弃置在那山上，奄奄待毙。此呼声乃表示情愿当初死在那山上远较今日忍辱偷生之为愈也。

② 语见 Euripedes，*Antiope*，Frag.207。

③ 语见 Eipedls，*Beller*，Frag.289。

④ 语见 Euripedes，*Hypsipyle*，Frag.757。

⑤ 福西昂（Phocion，402 B.C.—317 B.C.）是亚典军人政治家，公忠体国，人品正直。亚典人曾经通过一条法律，规定凡打算把戏剧费用挪作战费的，处于死刑。福西昂因涉嫌此罪被处死刑，临终时却告诫其子："对亚典人不可因此稍存嫌怨。"

⑥《伊索寓言》267；又见 Horace，*Satires*，Ⅱ，6，79—117。

⑦ 波狄卡斯（Perdiccas），马其顿国王，曾邀约苏格拉底，以其国土之一部奉赠。此波狄卡斯恐系其子 Archlaus 之误。

⑧ 伊菲索斯（Ephesus）是罗马在小亚细亚行省之首府。

⑨ 此埃皮克提图语。

⑩ 此语只见本书，他书无此记录。

卷十二

一、你辗转祈求的那一件东西，你立刻就可以得到，只消你不拒绝给你自己。那即是说，如果你不怀念过去，把将来交付给上苍，以虔诚与公道来面对现在："虔诚"，以便爱你的命运，因为自然把那命运交付给你，把你交付给那命运；"公道"，以便畅言真理而无需矫饰，凡有所为皆合于法而且与其本身价值相称。不要令任何事物妨碍你，无论是别人的恶意，或你自己的主张，或悠悠众口，或环绕在你肉身的感觉；因为受影响的部分会照

梁实秋批注

自古以来，有操守、有修养的哲学家历代都不乏其人，位居至尊、叱咤风云的皇帝也是史不绝书的，但是以一世英主而身兼苦修哲学家者则除了玛克斯·奥勒留外恐怕没有第二人。这位一千八百年前的旷代奇人于无意中给我们留下了这一部《沉思录》，我们藉此可以想见其为人，窥察其内心，从而对于为人处世律己待人之道有所领悟，这部书不能不说是人间至宝之一。

顾它自己。

如果在大限将至之际你能不顾一切，只是尊重你的理性以及内在的神明，不怕早晚有一天要死，怕的是不曾开始按照自然之道去活，那么你便是一个对天无愧的人，在你的本乡也不算是一个异客，对每日发生之事也不会觉得突兀而为之惊奇，也不至于东靠西靠彷徨无主。

二、天神能看见所有人的脱去糠秕外壳的内心。因为天神用他的慧力，只能接触到由他本身放射到人身上去的那一部分，但是如果你自己也习惯于这样做，你便会解除你大部分的烦恼。因为不注意躯壳的人，我相信，不会浪费时间在衣服、居住、名誉以及其他附属的外表的事物上。

三、你是三样东西混合起来的——肉体、呼吸气、理智。前二者确是属于你的，因为你必须把它们保持住，但是真正讲起来只有第三个才是你的。所以，如果你把别人的一切所做所说的、你自己一切所做所说的、一切将来会困扰你的、一切你不能自主的被躯体或与躯体相连的呼吸气所牵涉而无法摆脱的、一切身外环绕着旋动的形形色色完全割除，从你的心上割除，以便使你的理智从命运的偶然性中解脱出来，过纯洁而自主的生活、做公正的事、接受所遭遇的一切、说真实的话——如果，我再说一遍，你把来自肉体影响的一切，以及过去未来之事，全都从你的理性上解除掉，把你自己变成为恩培多克勒[①]手中的浑天仪一般——“浑圆无迹，安稳自如”，训练你自己只过你自己的生活，亦即现在，那么你便可宁静地、和平地、称心如意地、度过你的余年。

四、我常惊讶，我们每个人爱自己胜过爱其他的人，但是对于自己对自己的看法之重视，远不如别人对于自己的看法。无论如何，如果有一个神或聪明的教师来命令一个人，心中不可起任何不可公开的念头，恐怕这人一天都不能忍受。所以很明显的，我们重视我们的邻人对我们的意见，远超过我们自己的意见。

五、天神把一切东西都安排得好，对人类也怀着善意，何以竟忽略了这一件事——有些人，很好的人，与神有密切交往，靠了虔诚的行为与礼拜和神有极亲切的关系，而一旦死了之后，何以竟不重生，竟完全毁灭呢？如果确实是如此，不必怀疑；如有另作安排之必要，他们会另作安排。因为如果是合理的，一定也是可行的；如果是合于自然之道，自然会使之实现。所以，情形既然不如此，如果真是不如此，你尽管放心，那一定是不应该如此。就是你自己也明白！“你这样大胆直问，你是在和神理论。”但是我们不该这样地和天神辩难，纵然天神不是无限的公正与良善。不过天神纵有可议之处，他们也绝不会在他们悉心布置的宇宙秩序之中，粗心大意地留下任何不合理的事物。

六、你没有希望获得成功的事，也要去做。就是左手，因缺乏练习而效率较差，但是握起缰绳却比右手更抓得紧些——因为勤加练习之故。

七、试想一个人垂死的时候，其身心是什么样子？再想想人生的短暂，过去与未来的时间之无底深渊，一切物质之脆弱无力。

八、看看剥去外壳的“因果关系之原则”；一切动作的目标；苦痛是什么？快乐是什么？死是什么？名誉是什么？一个人内心不安，该怪谁？一个人怎样的不会受别人的妨碍？一切事皆由我们的看法而决定！

九、行为的原理在实际运用时，我们应该模仿斗拳者，而不是比剑者。因为后者使用剑落地之后还要再拾起来，前者只要握紧拳头便可。

十、看事物的本来面目，分析它们为本质、起因、目标。

十一、人是多么有力量，只做天神所赞许的事，并欢迎天神所分配给他的一切！

十二、不要为了自然的程序而指责天神，因为他们做错事，自主的或不自主的；也不要指责人类，因为他们除了不自主的以外，什么也没有做。所以对谁也不要指责。

十三、对“一切人生遭遇”感觉惊讶的人，是何等的荒谬可笑！

十四、一定是，或者先有一种必然性与固定计划，或者是有一个仁慈的神明，或者是一个毫无计划与主宰的混沌。如果有不可避免的必然性，受刺痛何必发怨声？如果有一个慈悲广被的神明，要使你自己值得受上苍的眷顾。但是如果是一个茫无指导的混沌，你自己应该庆幸，在这样汹涌的大海里，你自己有指挥若定的理性；如果波涛把你冲走，让它冲去你的肉体、呼吸气及其附属的一切——因为它永远不会冲去你的理智力。

十五、什么！一盏灯在火焰未被扑灭之前是会照耀光明的，难道你在未死之前就先丧失了你的内心中的真理、公道与节制力？

十六、有人使得你认为他是做错了事：“但是我怎么会知道那是一件错误的事呢？”如果他是有过错，也许他自己已受内心谴责，好像是抓破了他自己的脸皮呢？

一个人不要“坏人做错事”，等于是不要“无花果树的果实不流酸汁”，不要“婴儿啼叫”，不要“马嘶鸣”，不要“其他必定如何如何的偏不如何如何”。唉！这样性格的人，不这样又该怎么样呢？如果你看着不顺眼，改正他的性格。

十七、如果是不该做的，不要做；如果是不真实的，不要说。

要控制住你自己的冲动。

十八、永远要看一件事物的整体。使你产生印象的到底是什么？说明它、分析它，其起因如何？其本质如何？其目标如何？其到期必定死灭的生存期间有多么长？

十九、你终于会觉察——你在内心里有一点什么，比产生情欲并使你成为傀儡一般的那些东西要好得多，要更近似天神。我的内心在忙着做什么呢？恐惧吗？猜疑吗？肉欲吗？其他类似的事吗？

二十、第一，避免漫无目的的工作。第二，以有助于公共利益为唯一之行为的目标。

二一、要常想到，很快地你就要不复存在，归于乌有之乡，并且你现在所看见的一切，现在活着的所有的人，亦复如是。因为按照自然法则一切事物必定要变化，要变形，要消灭，以便使别的事物接替而生。

二二、要记取！一切皆是你的主观见解，而那是可以由你控制的。把你的见解消除，这是你可随意为之的。看吧！一片宁静！像是一个刚刚转过山岬的航海者，你会发现眼前是一片风平浪静的大海。

二三、任何单独的一项活动，不论是什么活动，如适时而止，并不会因停止而吃亏，做那活动的人也不会因那活动停止而吃亏。人生亦复如是，我们的全部动作在适当的时候停止，并不因此而吃亏。在适当时候，结束这一连串动作的人，也并无任何困窘之可言。适当的时候及终点是由自然来定的，有时候甚至也可由我们每个人的性质来定，例如老年的来临。不过，宇宙自然之道是不可抗的，其每个部分经常要有改变，因为它并不给他带来耻辱，如果那是既非个人所能自主，又无害于公共利益，而且是一件好事；因为就宇宙而言，这是适时的、恰如其分的、符合整体趋势的。与神走着同样的道路，在思想上与神怀着同样的目标，这样的人可以说是一个由天神生下来的人了。

二四、你必须随时使用三条规律。第一，凡所作为，勿做无目的之事，勿做与公道背道而驰之事；要理解：凡身外遭遇之事，全是由于偶然或由于天意，并且你没有理由去怪罪偶然或天意。第二，想一想一个人如何地由成胎以至于秉有灵性，由秉有灵性以至于交还那灵性，是由什么造成的？解体之后

梁实秋批注

奥勒留的文笔确实是相当朴拙。书中前后重复之处甚多，句法有时奇简，意义有时不甚清晰。此中文译本亦曾妄想努力保持原作风味，殊不可知，译成重校，不禁汗颜。幸原书价值俱在，过去曾感动无数读者。此中文译本如能引起读者兴趣，成为人格修养之借镜，则是我所企望的。

又变成什么？第三，如果被带到半天中，你俯瞰尘寰及其形形色色，你会认为那是不值一顾的，因为你同时一眼可以看出天空中环绕你身边的人是如何的众多。无论你升空下望有多少次，你会看到同样的景象，一切都是属于同一类型，一切都是在消逝，而且，这还有什么值得夸耀？

二五、放弃主见，你就会平安登岸。又有谁阻止你把它放弃呢？

二六、你如果对任何事情恚怒，那是你忘了这一点：一切事物都是按照宇宙自然之道而发生的。一个人的错误行为不干你的事。还有，一切发生之事，过去如此，将来亦如此，目前到处亦皆如此。你忘了人与人类的关系如何坚强，那关系之密切不仅有关血球或血统，而是有关理智。你也忘了这一点：每一个人的理智即是一个神明，而且是从那里来的，没有什么东西是属于一个人自己的。他的孩子、他的躯体、他的灵魂全是来自神明。还有，一切都只是主见；一个人只是在现在活着，他失掉的也只是这现在。

二七、你要不断地想念着那些对一切极端不满的人，以名誉或灾难或敌意或任何特殊命运而与众不同的人。然后考虑一下："而今安在哉？"烟、尘、传说，甚至连传说都不存在。这一类的例子，俯拾即是——在乡间的法毕乌斯·卡特林诺斯[②]，在他的花园里的陆舍斯·卢帕斯[③]，在拜爱的斯特丁尼阿斯[④]，在卡波利的提贝利阿斯[⑤]，以及维利阿斯·茹佛斯[⑥]——对任何事物之纵情耽嗜，其结果又当如何？被人狂爱的东西，到头来毫无价值！一个人在他自己范围里，毫无虚矫地做成为一个公正的、有节度的、崇拜神明的人，那是何等的哲学家的风度！自以为毫不自负的那种自负，乃是最令人难堪的事。

二八、如果有任何人问："你在什么地方看见了天神？你如何能确信大神之存在？以至成为这样虔诚的崇拜者？"我这样回答：首先要说，他们是甚至眼睛都可以看见到的；⑦再说，我也没有看见过我自己的灵魂，但是我尊敬它。所以不断地证以他们的威力，我确信神是存在的，我尊敬他们。

二九、人生的幸福，在于洞察每一事物之"整体及其实质"，明了其"本体及其起因"；用全副力量做公正的事、说真实的话。做完一件善事，紧接着再做一件，使中间毫无空际，这样便可有人生的乐趣，此外更有何求？

三十、太阳光是的确有的，虽然被墙、山及无数别的东西所遮蔽。共同的本质也是的确有的，虽然它分裂为无数的个体而各有其特征。一个整个的灵魂也是的确有的，虽然它分配给无数的生物而各有其限度。理智的灵魂只有一个，虽然好像是分裂的。上述事物之中，例如呼吸气等等部分，乃是物质的基层，既无感觉亦无互相关联。但是就是这些部分，也是靠了理智及其吸引力而被交织在一起。但是心灵特别的好与同性质者相结合，其团结的精神是没有间断的。

三一、你有何希求？继续生存么？但是是否还要感觉？欲望？生长？再告一段落？使用语言？运用思想？这些事物之中哪一样是你想要的？如果这些事物是全然不值一顾，你最后就只好努力追随理性、追随神明。但是重视人生一切，又怕一死万事皆空，那是与追随理性与神明相冲突的。

三二、每人能享受的时间乃是广大无垠的时间中多么渺小的一部分！一转瞬即消逝于永恒中。人又是宇宙本质之多么渺小的一部分！宇宙灵魂中多么渺小的一部分！你是在大地上，多么渺小的一块土地上面爬！想着这一切，什么事都是不重要的，除了按照你的本性做事，接受宇宙自然所带给你的一切。

三三、理性如何使用？那是关键之所存。其他一切，无论你是否有选择余地，只是尘埃与烟云而已。

三四、下述事实可以最有效地帮助我们蔑视死亡，那便是——把快乐当作好事，把苦痛当作罪恶的人们，也都蔑视死亡。

梁实秋批注

哲学家伊壁鸠鲁关于免除对死亡恐惧有如下之三段论法：“我们生存时，死尚不存在；死来时，我们已不生存，所以死与我们毫无关系。”

三五、对于视及时而死为乐事的人，死不能带来任何恐怖。他服从理性做事，多做一点或少做一点，对于他是一样的，这世界多看几天少看几天，也没有关系。

三六、人，你已是这个世界的一公民，延续一百年或五年，有什么关系呢？法律是对大家一样的。从这世界中被赶出去，不是被一位暴君赶出去，也不是被一位不公正的法官赶出去，而是被当初把你安放进去的自然之道所赶出去，那又有什么难过之可言呢？雇用喜剧演员的地方长官，随时可以命令那演员从台上下去。“但是我尚未演完我的五幕戏，我才演完三幕。”很可能是这样，不过在人生中三幕也可算是一整出戏了。因为这戏是否已经完成，要由当初编戏的和现在宣布终场的人来决定。你不负任何责任。愉快地离去吧，因为那解放你的人也是很愉快的。

梁实秋批注

我们中国的民族性，以笃行实践的孔门哲学为其根基，益以佛学的圆通深邃和理学的玄妙超绝，可以说是把宗教与伦理熔于一炉。这样的民族性应该使我们容易接受斯多亚派哲学最后一部杰作的启示。

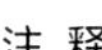

注 释

① 恩培多克勒（Empedocles of Agrigentum，490 B.C.—430 B.C.），古希腊哲学家，首创“四元素”之说，信灵魂轮回及物质不灭。

② 法毕乌斯·卡特林诺斯（Fabius Catullinus），酷爱乡间生活者。

③ 陆舍斯・卢帕斯（Lusius Lupus），不知何许人，可能是 L. Licinius Lucullus 之误，以园林布置著名。

④ 在拜爱的斯特丁尼阿斯（Stertinius of Baiae）可能是 Neples 一富医。

⑤ 在卡波利的提贝利阿斯（Tiberus at Capreae），罗马第二任皇帝（14 A.D.—31 A.D.），晚年在 Naples 附近之 Caplrelae (Capri) 度豪华荒淫之生活，不问政事。

⑥ 维利阿斯・茹佛斯（Velius Rufus）,George Long 译本作 Velius Rufus (or Rufus at Velia)，不详。

⑦ 指日月星辰而言，因斯多亚派哲学家认日月星辰为神。

活了很久的智慧

东取《道德经》西问《沉思录》

〔古罗马〕玛克斯·奥勒留 著
梁实秋 译
〔春秋〕老子 著

江苏凤凰文艺出版社
JIANGSU PHOENIX LITERATURE AND ART PUBLISHING, LTD

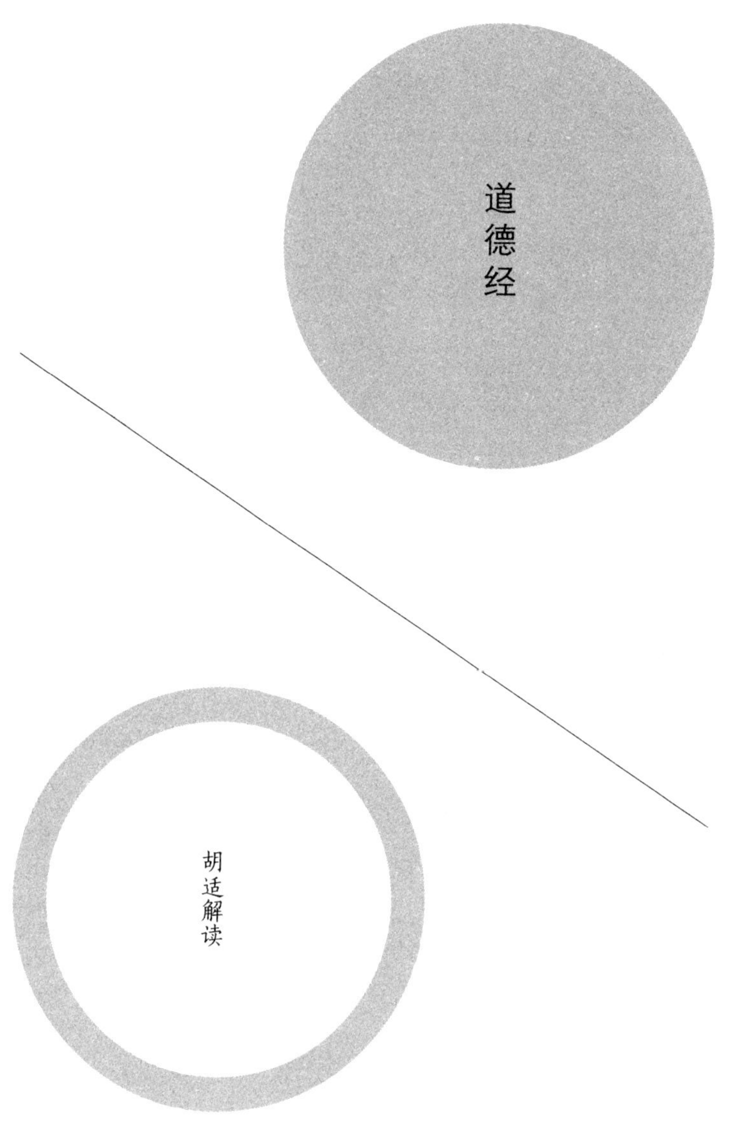
道德经
胡适解读

一章

道可道，非常道；名可名，非常名。
无，名天地之始；有，名万物之母。
故常无，欲以观其妙；常有，欲以观其徼。
此两者，同出而异名，同谓之玄。玄之又玄，
众妙之门。

今译

道如果可以用语言表达，就不是永恒的道；名如果可以用语言表达，就不是永恒的名。

无，是天地的本始；有，是万物的根源。

所以，从常无中观察道的微妙，从常有中观察道的端倪。

无和有，来自同一个源头而具有不同的名称，都是很幽深玄妙的。玄妙而又玄妙，是天地万物变化的总源头。

二章

天下皆知美之为美，斯恶已；皆知善之为善，斯不善已。

有无相生，难易相成，长短相形，高下相倾，音声相和，前后相随，恒也。

是以圣人处无为之事，行不言之教；万物作而弗始，生而弗有，为而弗恃，功成而弗居。夫唯弗居，是以不去。

今译

天下人都知道美之所以为美，就显示出丑来了；都知道善之所以为善，就显示不出善来了。

有和无相互转化生成，难和易相反相成，长和短相互比较而成，高和低相互补充，音与声相互协和，前和后相互跟随，这是永恒的道理。

所以圣人以无为的态度处世，实行不言的教化；听任万物兴起而不加以倡导，生养万物而不据为己有，泽被万物而不自以为施恩，功业有成而不居功自傲。正是因为不居功自傲，所以圣人的功业才不会泯灭。

三章

不尚贤，使民不争；不贵难得之货，使民不为盗；不见可欲，使民心不乱。

是以圣人之治，虚其心，实其腹，弱其志，强其骨。常使民无知无欲，使夫智者不敢为也。

为无为，则无不治。

今译

不推崇贤能之人，使百姓不争夺名位；不珍贵难得的财物，使百姓不做盗贼；不炫耀能引起贪欲的事物，使百姓的内心不被惑乱。

所以圣人治理天下，要淡泊百姓的内心，饱足百姓的肚腹，削弱百姓的志向，强健百姓的体魄。使百姓没有奸诈的心智和贪婪的欲望，使聪明的人不敢有所作为。用无为的方式治理天下，没有不达到天下太平的。

四章

道冲，而用之或不盈。渊兮，似万物之宗，（挫其锐，解其纷，和其光，同其尘。①）湛兮，似或存。

吾不知谁之子，象帝之先。

今译

道虚澹无形，而它的作用却不会穷尽。道是如此深邃，好似万物的宗主；道是如此隐秘，好似不存在而又实际存在。

我不知道它是从哪里生出来的，是谁的孩子，好像在天帝之前就存在了。

---

① “挫其锐”四句，参见陈鼓应《老子译注及评介》，“这四句疑是五十六章错简重出”，“渊兮”与“湛兮”对举，故此处四句当删。今译译文见五十六章。（本文中所有注释均为译者所加。——编者注）

五章

天地不仁，以万物为刍狗；圣人不仁，以百姓为刍狗。

天地之间，其犹橐籥乎？虚而不屈，动而愈出。

多言数穷，不如守中。

今译

天地没有偏爱，把万物当作祭祀时用草扎成的狗，任万物自然生长；圣人无所偏爱，把百姓当作祭祀时用草扎成的狗，任百姓自然发展。

天地之间，不就像鼓风箱吗？空虚但不会枯竭，发动起来会产生更多的气流。

政令繁多反而会加速败亡，不如持守虚静。

六章

谷神不死，是谓玄牝[①]。玄牝之门，是谓天地根。绵绵若存，用之不勤。

今译

道是不会停息运转的，道能生养万物却看不见它的形体。道能生养万物，所以是天地的根本。道绵绵不绝地存在着，作用无穷无尽。

①玄牝：参见楼宇烈《〈老子道德经注〉校释》，“处卑而守静，不可得而名，故谓之玄牝”。

七章

天长地久。天地所以能长且久者，以其不自生，故能长生。

是以圣人后其身而身先；外其身而身存。以其无私，故能成其私。

今译

天地是长存的。天地能够长存的原因，是因为天地不为自己而生，所以能够长存。

所以圣人把自己放在众人之后，反而被众人拥戴；把自己置之度外，反而保全了自身。因为圣人是无私的，所以能够成就自己。

八章

上善若水。水善利万物而不争，处众人之所恶，

故几于道。

居善地，心善渊，与善仁，言善信，政善治，

事善能，动善时。

夫唯不争，故无尤。

今译

上善之人像水一样。水能够滋养万物而不与万物相争，处在众人都厌恶的低洼之地，所以最接近于道。

上善之人能够居住在低洼之地，内心保持沉静，与善良的人交往，言而有信，为政能够治平，做事能够发挥其所长，行动能够把握时机。

上善之人不争夺，所以没有过失。

九章

持而盈之，不如其已；揣而锐之，不可长保。

金玉满堂，莫之能守；富贵而骄，自遗其咎。

功遂身退，天之道也。

今译

把持着容器使它满溢，不如适可而止；锻造兵器使它锐利，并不能长久保持它的尖锐。金宝玉器堆满房屋，并没有谁能长久守住这些财富；富贵之后变得骄傲，就会为自己招致祸患。功成身退，才合乎自然的道理。

十章

载营魄抱一，能无离乎？专气致柔，能如婴儿乎？涤除玄鉴，能无疵乎？爱民治国，能无为乎？天门开阖，能为雌乎？明白四达，能无知乎？

（生之畜之。生而不有，为而不恃，长而不宰，是谓『玄德』。[①]）

今译

精神与形体合一，能不分离吗？聚合精气以归于柔顺，能像婴儿一样吗？去除内心的杂念，能没有瑕疵吗？爱护百姓治理国家，能做到无为而治吗？耳目鼻舌心等感官感知世界，能保持宁静吗？通达四方，能自认为无知吗？

---

① “生之畜之”五句，参见陈鼓应《老子注译及评介》，“这几句重见于五十一章，疑为五十一章错简重出”，此处当删。今译译文见五十一章。

十一章

三十辐共一毂，当其无，有车之用。

埏埴以为器，当其无，有器之用。

凿户牖以为室，当其无，有室之用。

故有之以为利，无之以为用。

今译

三十根辐条汇聚到一个车毂上，正是因为有了车毂的中空，车轮才能够转动，车才能发挥作用。

把黏土做成陶器，因为陶器有中空的部分，所以才有了陶器容纳的作用。

凿出门窗建造房屋，因为房屋有中空的部分，所以才有了房屋居住的作用。

所以“有”给人带来了很多便利，“无”助其发挥了作用。

十二章

五色令人目盲，五音令人耳聋，五味令人口爽，

驰骋畋猎令人心发狂，难得之货令人行妨。

是以圣人为腹不为目，故去彼取此。

今译

五彩缤纷的颜色让人眼花缭乱，繁乱的声音让人听不到美妙的乐章，种类过多的食物让人不能辨别味道而令人口舌生病，纵马驰骋围猎让人不辨得失而内心发狂，难以得到的宝物会妨害人的德行。

因此圣人只求温饱而不求声色，所以抛弃物欲选择淳厚。

十三章

宠辱若惊，贵大患若身。

何谓宠辱若惊？宠为上，辱为下；得之若惊，失之若惊；是谓宠辱若惊。

何谓贵大患若身？吾所以有大患者，为吾有身；及吾无身，吾何有患？

故贵以身为天下，若可寄天下；爱以身为天下，若可托天下。

今译

得到荣宠和侮辱会惊慌失措，重视身体就如重视大的祸患一样。

为什么受到荣宠和侮辱会惊慌失措？得宠为上，受辱为下；得到宠辱会令人受到惊吓，失去宠辱也会令人受到惊吓，这就是说，得到荣宠和受到侮辱都会令人惊慌失措。

为什么重视身体就如重视大的祸患？我之所以有大的祸患，是因为我有身体；等到我没有了身体，我又有什么祸患呢？

所以，以重视身体的态度治理天下，才可以把天下寄托给他；以爱惜自身的态度治理天下，才可以把天下托付给他。

十四章

视之不见，名曰『夷』；听之不闻，名曰『希』；搏之不得，名曰『微』。此三者不可致诘，故混而为一。其上不皦，其下不昧，绳绳兮不可名，复归于无物。是谓无状之状，无物之象，是谓『惚恍』。迎之不见其首，随之不见其后。执古之道，以御今之有。能知古始，是谓道纪。

今译

看却看不到，叫作“夷”；听却听不到，叫作“希”；摸却摸不着，叫作“微”。夷、希、微不能加以推问细究，因此它们是浑然一体的。它的上面不明亮，下面也不昏暗，渺渺茫茫漫无边际不可名状，只好归结为没有物的形态。这就是没有形状的形状，没有物体的形象，这就是“惚恍”。迎着它看不到它的前头，跟着它看不到它的后面。

掌握远古的道，用来驾驭现在的具体事物。道可以用来了解万物之始，就是道的规律与性质。

十五章

古之善为道者，微妙玄通，深不可识。夫唯不可识，故强为之容：

豫兮，若冬涉川；犹兮，若畏四邻；俨兮，其若客；涣兮，其若凌释；敦兮，其若朴；旷兮，其若谷；混兮，其若浊；澹兮，其若海；飂兮，若无止。①

孰能浊以静之徐清？孰能安以动之徐生？

保此道者，不欲盈。夫唯不盈，故能蔽而新成。

今译

古代善于行道之人，微妙通达，高深得让人无法看透。就是因为无法看透，只能勉强描述他：

谨慎得像冬天渡过江河，迟疑得像畏惧周围的邻邦，恭敬得像是客人，散漫得像冰雪消融，敦厚得像未经雕琢的原木，旷达得像空阔的山谷，浑厚得像江河的浊流，宁静得像大海，飘逸得像没有止境。

谁能将浊水静止让它慢慢澄清？谁能在安定中开启新的局面令其慢慢产生？

保持此道的人，不求盈满。正是因为不求盈满，所以才能去故求新。

① “澹兮”四句，参见饶尚宽译注《老子》，“原在《二十章》内，疑为本章错简，移于此处”。

十六章

致虚极，守静笃。

万物并作，吾以观复。

夫物芸芸，各归其根。归根曰『静』，静曰『复命』。复命曰『常』，知常曰『明』。不知『常』妄作凶。

知『常』容，容乃公，公乃全，全乃天，天乃道，道乃久，没身不殆。

今 译

让内心虚寂到极点，守住极致的清净。

万物蓬勃生长，我由此看出万物循环往复的规律。

万物纷繁，都会回归到它们的本性。回归本性叫作“静”，静叫作“回归本原”，回归本原是“永恒”的规律，知道永恒规律叫作“明”。不知道“永恒”规律，就会轻率做出凶险之事。

知道“永恒”规律就能包容，能包容就能公正，做到公正就能周全，做到周全就能合乎自然，合乎自然就能符合于道，符合于道就会长久，终生没有危险。

十七章

太上，不知有之；其次，亲而誉之；其次，畏之；其次，侮之。信不足焉，有不信焉。悠兮其贵言。功成事遂，百姓皆谓：『我自然。』

今译

最好的时代，百姓感觉不到君主的存在；其次的时代，百姓亲近赞誉君主；再其次的时代，百姓害怕君主；更其次的时代，百姓侮辱君主。君主的诚信不够，百姓自然不相信他。

最好的君主不过多发号施令。事情完成之后，百姓都说："我们本来就如此。"

十八章

大道废，有仁义；智慧出，有大伪；六亲不和，有孝慈；国家昏乱，有忠臣。

今译

大道废弃了，才会显示出仁义；聪明智谋出现，才会有伪诈；六亲不和睦，才会提倡父慈子孝；君主昏庸乱为，才会出现忠臣。

十九章

绝圣弃智，民利百倍；绝仁弃义，民复孝慈；
绝巧弃利，盗贼无有。此三者，以为文，不足。
故令有所属：见素抱朴，少私寡欲，绝学无忧。

今译

抛弃聪明智慧，百姓就能得到百倍的利益；抛弃仁义，百姓就会恢复慈孝的天性；抛弃巧诈私利，盗贼就会没有了。圣智、仁义、巧利，不过是装饰物，并不能用来治理天下。所以，要使百姓有所归属：显现并坚守朴素，减少私欲，杜绝世俗学问，这样才能没有忧患。

二十章

唯之与阿，相去几何？美之与恶，相去若何？

人之所畏，不可不畏。荒兮，其未央哉！

众人熙熙，如享太牢，如春登台；我独泊兮，

其未兆。

沌沌兮，如婴儿之未孩；傫傫兮，若无所归。

众人皆有余，而我独若遗。我愚人之心也哉！

俗人昭昭，我独昏昏；俗人察察，我独闷闷。

（澹兮，其若海；飂兮，若无止。①）

众人皆有以，而我独顽且鄙。

我独异于人，而贵食母。

今译

应诺与呵斥，相差多少？美好与丑恶，相差多少？人们所畏惧的，不能不畏惧。天地宇宙多么辽阔啊，好像没有尽头！

众人都兴高采烈，好像享用太牢的盛宴，又像春天登上高台远望。而我独自淡泊宁静，无动于衷，混混沌沌得好像不知道嬉笑的婴儿，疲倦得好像没有归宿。

众人都有剩余，只有我好像是不足的，我真是愚人的心思啊！

众人都明耀炫目，只有我黯淡无光；众人都洁净清明，只有我浑浊质朴。

众人都有所作为，只有我顽愚且鄙陋。

我独与人不同，重视取法于道。

---

① “澹兮”四句，参见饶尚宽译注《老子》，“与文义不合，疑为错简，已移至《十五章》，此处当删”。今译译文见十五章。

二十一章

孔德之容，惟道是从。

道之为物，惟恍惟惚。惚兮恍兮，其中有象；

恍兮惚兮，其中有物。窈兮冥兮，其中有精；

其精甚真，其中有信。

自今及古，其名不去，以阅众甫。吾何以知众

甫之状哉？以此。

今 译

大德的模样，只跟随道的变化而变化。

道作为一种事物，恍恍惚惚，似有似无。如此惚惚恍恍，却有形状；如此恍恍惚惚，又有实物。深远暗昧之中，又有精神；这精神非常真切，可以得到验证。

从今到古，它的名字永远不会消失，可以用来观察万物的初始。我为什么知道万物初始于无的情状呢？由道得知。

二十二章

曲则全，枉则直，洼则盈，敝则新，少则得，多则惑。

是以圣人抱一为天下式。不自见，故明；不自是，故彰；不自伐，故有功；不自矜，故长。

夫唯不争，故天下莫能与之争。古之所谓『曲则全』者，岂虚言哉？诚全而归之。

今 译

弯曲才能保全，委屈才能伸直，低洼才能盈满，破旧才能更新。少取才能得到，贪多反而会迷惑。

因此圣人坚守大道成为天下人的典范。不自我彰显，所以显明；不以为是，所以昭彰；不自我夸耀，因此成就功业；不自我骄傲，因此能够长久。

正因为不与人争，所以天下没有能和他争夺的人。古人所说的“委曲才能求全”，难道是空话吗？它确实能够让人保全。

二十三章

希言自然。故飘风不终朝，骤雨不终日。孰为此者？天地。天地尚不能久，而况人乎？

故从事于道者，同于道；德者，同于德；失者，同于失。同于道者，道亦乐得之；同于德者，德亦乐得之；同于失者，失亦乐得之。

（信不足焉，有不信焉。①）

今译

不言教令是合于自然规律的。所以狂风不能刮一个早上，暴雨不能下一整天。谁让它们这样的？是天地。天地尚且不能使狂风暴雨持久，何况人呢？

所以追随道的人，他的行为合于道；追随德的人，他的行为合于德；追随失道失德的人，他的行为合于失。合于道的人，道也乐于得到他；合于德的人，德也乐于得到他，合于失的人，失道失德也乐于得到他。

---

①“信不足焉”二句，参见陈鼓应《老子译注及评介》，“已见于十七章。疑是错简重出”。此处当删。今译译文见十七章。

二十四章

企者不立，跨者不行。自见者，不明；自是者，不彰；自伐者，无功；自矜者，不长。其在道也，曰：『余食赘行，物或恶之。』故有道者不处。

今译

踮起脚的人难以站稳，跨越走路的人难以走远。自我彰显的人，并不睿智；自以为是的人，并不彰显；自我夸耀的人，并不能成就功业；自我骄傲的人，并不能长久。

从道的观点来看，道会说："这些急躁炫耀的行为，就像是剩饭和无用的举动，鬼神都会厌恶。"所以，有道之人不这样做。

二十五章

有物混成，先天地生。寂兮寥兮，独立而不改，周行而不殆，可以为天地母。吾不知其名，强字之曰『道』，强为之名曰『大』。大曰『逝』，逝曰『远』，远曰『反』。

故道大，天大，地大，人亦人。域中有四大，而人居其一焉。

人法地，地法天，天法道，道法自然。

今译

有一个事物浑然一体，在天地形成之前就存在了。无声又无形，独自长存又不改变，循环运动而不懈怠，可以说是天地的根源。我不知道它的名字，勉强给它取字为“道”，勉强命名它为“大”。它广大无边而周流不息，周流不息而伸展遥远，伸展遥远而又回归本原。

所以说，道大，天大，地大，人也大。世界上有四大，人也是四大之　。

人以地为法则，地以天为法则，天以道为法则，道以自然为法则。

二十六章

重为轻根，静为躁君。是以君子终日行不离辎重。

虽有荣观，燕处超然。奈何万乘之主而以身轻天下？

轻则失根，躁则失君。

今 译

稳重是轻率的根本，沉静是躁动的主宰。因此，君子整天行走出外却离不开运载物资的车辆。

虽然有华美的居处和观览之乐，仍安居泰然，超然物外。为什么大国之君仍然会轻率地治理天下呢？

轻率就失去了根本，躁动就不能主宰天下。

二十七章

善行，无辙迹；善言，无瑕谪；善数，不用筹策；善闭，无关楗而不可开；善结，无绳约而不可解。

是以圣人常善救人，故无弃人；常善救物，故无弃物。是谓『袭明』。

故善人者不善人之师，不善人者善人之资。不贵其师，不爱其资，虽智大迷，是谓『要妙』。

今译

善于行走的人，不会留下痕迹；能言善辩的人，不会出现话语漏洞；善于计算的人，用不到算筹；善于关门的人，不用门闩别人也打不开门；善于打结的人，不用绳索别人也解不开。

因此圣人总是人尽其才，所以没有被遗弃不用的人；总是能物尽其用，所以没有被抛弃不用的事物。这就叫作“保持清明”。

因此，善于人尽其才的人，是不能人尽其才之人的老师；不能人尽其才之人，可以做人尽其才之人的借鉴。不尊重他的老师，不珍视可以给他借鉴之人，这样的人即使聪明也是大大的糊涂，这就是“精妙的道理”。

二十八章

知其雄，守其雌，为天下谿。为天下谿，常德不离，复归于婴儿。

知其白，（守其黑，为天下式。为天下式，常德不忒，复归于无极。知其荣，[①]）守其辱，为天下谷。为天下谷，常德乃足，复归于朴。

朴散则为器，圣人用之，则为官长，故大制不割。

今 译

知道自己雄强，却甘守雌柔，可以作为天下的溪涧。作为天下的溪涧，永恒的道德不会离身，就会恢复到婴儿的纯真状态。

知道自己清白，却甘守污黑，就能成为天下的山谷。作为天下的山谷，永恒的道德就能充足，就会回归到质朴的状态。

质朴的道分散为器物，圣人使用这些器物就可以成为百官之长，所以完美的制度是不可分割的整体。

---

① “守其黑”六句，参见饶尚宽译注《老子》，“为后人所妄加，当删。《庄子·天下篇》引老聃曰：‘知其雄，守其雌，为天下溪。知其白，守其辱，为天下俗。’可证”。今译译文从略。

二十九章

将欲取天下而为之，吾见其不得已。天下神器，不可为也，不可执也。为者败之，执者失之。是以圣人无为，故无败；无执，故无失。①夫物，或行或随，或歔或吹，或强或羸，或载或隳。是以圣人去甚，去奢，去泰。

今 译

有人想夺取天下来治理，我看他并不能达到目的。天下是神圣的东西，不能强行有所作为，也不能把持。强行作为会失败，把持它会失去。所以圣人从不强行作为，因此从不失败；从不把持天下，因此从不失去。

世间万物，有的前行有的后面跟随，有的缓慢有的急速，有的强大有的羸弱，有的自我成就有的自我毁坏。所以圣人会去除极端，去除奢侈，去除过度的措施。

---

① “是以圣人无为”四句，参见饶尚宽译注《老子》，“以上四句为《六十四章》错简，当移于此处”。

三十章

以道佐人主者，不以兵强天下。其事好还。师之所处，荆棘生焉；大军之后，必有凶年。善有果而已，不敢以取强。果而勿矜，果而勿伐，果而勿骄，果而不得已，果而勿强。物壮则老，是谓不道。不道早已。

今 译

用道辅佐君主的人，不靠军队逞强于天下。这件事情总有反复和报应。军队所到之处，荆棘横生；大的战争之后，必定有灾荒之年。

善于用兵之人用兵也只是为了达到目的罢了，不敢凭武力逞强于天下。达到目的之后不要自大，达到目的之后不要炫耀，达到目的之后不要骄傲，用兵来达到目的是出于不得已，达到目的之后不要逞强。

事物气势壮胜的时候就会衰弱，就说明它不合于道。不合于道就会早早灭亡。

三十一章

夫兵者，不祥之器，物或恶之，故有道者不处。

君子居则贵左，用兵则贵右。兵者不祥之器，非君子之器，不得已而用之，恬淡为上。胜而不美，而美之者，是乐杀人。夫乐杀人者，则不可得志于天下矣。

吉事尚左，凶事尚右。偏将军居左，上将军居右，言以丧礼处之。杀人之众，以悲哀泣之；战胜，以丧礼处之。

今译

兵器，是不祥的器物，鬼神都会厌恶它，所以有道之人不使用它。

君子平时以左为贵，用兵的时候以右为贵。兵器是不祥的器物，不是君子所使用的东西，不得已的时候才使用它，最好要淡然处之。战胜了也不赞美胜利，如果赞美胜利，就是喜好杀人。喜好杀人的人，就不会在天下得到成功。

吉庆的事情以左为贵，不好的事情以右为贵。偏将军在左，上将军在右，这是说出兵打仗用丧礼的仪式安排。杀了很多人，要用悲哀的哭泣来悼念死者；打了胜仗之后，要用丧礼的仪式来纪念。

三十二章

道常无名，朴。虽小，天下莫能臣。侯王若能守之，万物将自宾。

天地相合，以降甘露，民莫之令而自均。

始制有名，名亦既有，夫亦将知止，知止可以不殆。譬道之在天下，犹川谷之于江海。

今译

道永远是无名且质朴的。它虽然幽微，但是天下没有什么可以让它臣服。侯王如果能坚守道，天下万物都会自然地宾服于侯王。

天地阴阳相合，就会降下甘露，不用谁的命令百姓就会自然均沾甘露之泽。

万物生成后就有了各种名称，既然有了名称，也就知道了各自之间的界限，知道界限就可以没有祸患了。比如道和天下的关系，就好比江海和川谷的关系一样。

三十三章

知人者智，自知者明。

胜人者有力，自胜者强。

知足者富。

强行者有志。

不失其所者久。

死而不亡者寿。

今 译

了解他人可算是机智，了解自己才算是高明。

战胜他人可算是有力量，战胜自己才算是刚强。

知道满足就是富有。

顽强坚持的人就是有志向。

不失根本就能长久。

死而不朽才算长寿。

三十四章

大道汜兮，其可左右。万物恃之以生而不辞，功成而不有。衣被万物而不为主，可名于『小』；万物归焉而不为主，可名于『大』。以其终不自为大，故能成其大。天下皆谓我：『道大，似不肖。』夫唯大，故似不肖；若肖，久矣其细夫也。①

今译

大道广泛存在，可左可右。万物依靠它生长而不止息，成就功业而不据为己有。覆盖万物而不做万物的主宰，可以说它“小”；万物归顺于它而不做万物的主宰，可以说它“大”。就是因为它不自以为大，所以才能成就它的大。天下的人都对我说：“道很大，却不像任何东西。”就是因为道很大，所以才不像任何东西；如果像任何东西，道早就很细微渺小了。

① “天下皆谓我”七句，本在六十七章，饶尚宽译注《老子》认为“当为《三十四章》错简，可移至‘故能成其大’之后”。

三十五章

执大象，天下往。往而不害，安平泰。

乐与饵，过客止。道之出口，淡乎其无味，视之不足见，听之不足闻，用之不足既。

今译

坚守大道，天下百姓都来归顺。来往不互相伤害，所以大家都平和安泰。

音乐和美食，会让过路的人停下脚步。道的表述，平淡得没有味道，看也看不见，听也听不着，用却用不完。

三十六章

将欲歙之，必固张之；将欲弱之，必固强之；

将欲废之，必固举之；将欲取之，必固与之。

是谓『微明』。

柔弱胜刚强。

鱼不可脱于渊，国之利器不可以示人。

今译

想要收敛，必先扩张；想要削弱，必先加强；想要废弃，必先举荐；想要夺取，必先给予。这就叫作“隐微的征兆”。

柔弱可以战胜刚强。

鱼不能离开深渊，国家的刑罚政教不可向人炫耀。

三十七章

道常无为而无不为。

侯王若能守之，万物将自化。化而欲作，吾将镇之以无名之朴。镇之以无名之朴，夫将不欲。

不欲以静，天下将自正。

今译

道永远是顺应自然而又无所不为的。

侯王若能坚守它，万物就会自我成长变化。万物自我成长变化而产生贪欲时，我就会用道的质朴来震慑万物。用道的质朴震慑万物，它们就不会产生贪欲。不产生贪欲就能回归安静，天下就会自己回归正道。

三十八章

上德不德，是以有德；下德不失德，是以无德。

上德无为而无以为；下德无为而有以为。

上仁为之而无以为；上义为之而有以为。

上礼为之而莫之应，则攘臂而扔之。

故失道而后德，失德而后仁，失仁而后义，失义而后礼。夫礼者，忠信之薄，而乱之首。

前识者，道之华，而愚之始。是以大丈夫处其厚，不居其薄；处其实，不居其华。故去彼取此。

今译

德行最高的人不自以为有德行，因此才会有德行；德行不高的人总刻意想着不失去德行，因此就没有德行。

德行最高的人顺应自然而无心作为，德行一般的人应顺其自然而有所作为。

最仁爱的人有所作为而源于无意，最正义的人想有作为并有意为之。

最讲究礼仪的人想有所作为如果得不到回应，就会强迫他们服从自己。

所以失去道之后才讲求德，失去德之后讲求仁爱，失去仁爱之后讲求正义，失去正义之后讲求礼仪。礼仪，是忠厚诚信开始衰弱的标志，也是混乱的开始。

先见之明，不过是道的一点虚华，是愚昧的开始。所以大丈夫立身敦厚，不居于浅薄；心存笃实，不居于虚华。所以要抛弃浅薄虚华，保持敦厚笃实。

三十九章

昔之得一者——天得一以清，地得一以宁，神得一以灵，谷得一以盈，万物得一以生，侯王得一以为天下正。

其致之也，天无以清，将恐裂；地无以宁，将恐废；神无以灵，将恐歇；谷无以盈，将恐竭；万物无以生，将恐灭；侯王无以正，将恐蹶。

故贵以贱为本，高以下为基。是以侯王自称孤、寡、不毂。此非以贱为本耶？非乎？故至誉无誉。是故不欲琭琭如玉，珞珞如石。

今译

古来得到道的——天得到道而清明，地得到道而安宁，神灵得到道而灵验，山谷得到道而充盈，万物得到道而生长，侯王得到道而使天下安定。

推而言之，天若不能清明，恐怕会崩裂；地若不能安宁，恐怕会塌陷；神灵若不灵验，恐怕会无人信奉；山谷若不能充盈，恐怕会枯竭；万物若不能生长，恐怕会灭绝；侯王若不能安定天下，恐怕会被颠覆。

所以贵以贱为根本，高以低为基础。因此侯王自称孤、寡、不毂。这难道不是以低贱为根本吗？不是吗？所以最高的荣誉无须赞誉。所以不要想着成为被人称赞的美玉，而是要成为坚硬的普通石块。

四十章

反者，道之动；弱者，道之用。

天下万物生于『有』，『有』生于『无』。

今译

循环往复，是道的运动方式；柔柔弱弱，是道发挥作用的特征。天下万物从“有”中形成，“有”从“无”中生成。

四十一章

上士闻道，勤而行之；中士闻道，若存若亡；

下士闻道，大笑之。——不笑，不足以为道。

故建言有之：

明道若昧，进道若退，夷道若颣。

上德若谷，广德若不足，建德若偷，质真若渝。

大白若辱，大方无隅，大器晚成。

大音希声，大象无形，道隐无名。

夫唯道，善贷且成。

今译

上士听说道之后，努力去实践；中士听说了道之后，或许会记住，或许会遗忘；下士听说了道之后，会哈哈大笑。——不被嘲笑，不足以成为道。

因此立言的人这样说：

光明的道好像是幽暗的，前进的道好像是在后退，平坦的道好像是崎岖不平的。

高尚的德好像低洼的山谷，广博的德好像有所不足，刚健的德好像软弱懈怠，质朴纯真的德好像会随意改变。

最洁白的好像污黑，最方正的好像没有棱角，最贵重的器物是最晚完成的。

最大的乐声听起来没有声音，最大的形象看起来没有形象，道是隐藏起来而没有名称的。

只有道，善于辅助和成就万物。

四十二章

道生一，一生二，二生三，三生万物。万物负阴而抱阳，冲气以为和。

（人之所恶，唯孤、寡、不穀，而王公以为称。故物或损之而益，或益之而损。人之所教，我亦教之。强梁者不得其死，吾将以为教父。①）

今译

道整体唯一，一产生天地，天地形成阴、阳二气，阴、阳二气相交形成中和之气，继而形成万物。万物背阴向阳，阴、阳二气相聚形成中和之气。

① “人之所恶”九句，参见饶尚宽译注《老子》，“与文义不合，疑为《三十九章》错简，当删”。今译译文从略。

四十三章

天下之至柔，驰骋天下之至坚。无有入无间。

吾是以知无为之有益。

不言之教，无为之益，天下希及之。

今译

天下最柔弱的东西，能够驾驭天下最坚硬的东西。无形的力量可以穿透没有间隙的东西。我因此知道无为的好处。

无言的教化，无为的好处，天下很少有人能够做到。

四十四章

名与身孰亲？身与货孰多？得与亡孰病？

甚爱必大费，多藏必厚亡。

故知足不辱，知止不殆，可以长久。

今译

名声和生命相比哪一个更珍贵？生命与财物相比哪一个更重要？得到与失去相比哪一个更痛苦？

过分吝惜定会造成极大的损害，过多的收藏必定会造成严重损失。

所以知道满足就不会受到屈辱，知道适可而止就不会出现危险，这样才能保持长久。

四十五章

大成若缺，其用不弊。

大盈若冲，其用不穷。

大直若屈，大巧若拙，大辩若讷，大赢若绌。

静胜躁，寒胜热。清静，为天下正。

今译

最完满的东西好像有所欠缺，但是它的作用不会停止。

最充实的东西好像空虚，但是它的作用不会穷尽。

最正直的好像弯曲，最灵巧的好像很笨拙，最有辩才的好像不善言辞，最大的盈利好像亏本。

沉静可以战胜浮躁，寒冷可以战胜炎热。清静无为，可以做天下的典范。

四十六章

天下有道，却走马以粪。天下无道，戎马生于郊。

咎莫大于欲得；祸莫大于不知足。[①]故知足之足，常足矣。

今译

天下太平的时候，把战马退还到田间耕种；天下大乱的时候，连母马也会上战场，在郊外产下马驹。

过错没有比贪得无厌更大的了，祸患没有比不知足更大的了。所以知道满足的这种满足，才是永远的满足。

---

① “咎莫大于欲得”两句，另有王弼本作“祸莫大于知足，咎莫大于欲得”。陈鼓应《老子注释及评介》认为“祸莫大于不知足”与下文“故知足之足，常足矣”正相接连，文义较完整。

四十七章

不出户，知天下；不闚牖，见天道。其出弥远，其知弥少。

是以圣人不行而知，不见而明，不为而成。

今译

不出房门，就能知道天下的事情；不用看窗外，就能知道自然的规律。在外面走得越远，知道得越少。

所以圣人不用外出就知道事情的情况，不用看就能了解事物的规律，不用作为就能成功。

四十八章

为学日益，为道日损。损之又损，以至于无为。

无为而无不为。取天下常以无事，及其有事，

不足以取天下。

今译

做学问要一天天增加知识，而求道却要一日日减少欲望。减少再减少，最后就会达到无为的状态。

顺应自然而不妄自作为就能无所不为。治理天下常常凭借无为而不生事端，如果人为生事，就不能治理好天下。

四十九章

圣人常无心，以百姓心为心。

善者，吾善之；不善者，吾亦善之，德善。

信者，吾信之；不信者，吾亦信之，德信。

圣人在天下，歙歙焉，为天下浑其心。百姓皆注其耳目，圣人皆孩之。

今译

圣人永远没有私心，会把百姓的心意当作自己的心意。

善良的人，我用善良对待他；不善良的人，我也用善良对待他，这样就得到善良了。

守信用的人，我信任他；不守信用的人，我也信任他，这样就得到诚信了。

圣人治理天下，总是收敛自己的主观意见，让天下人的内心归于无知无识。百姓都专注于耳闻目睹之事，圣人则要把百姓复归于敦厚淳朴。

五十章

出生入死。生之徒，十有三；死之徒，十有三；人之生，动之于死地，亦十有三。夫何故？以其生生之厚。

盖闻善摄生者，陆行不遇兕虎，入军不被甲兵；兕无所投其角，虎无所用其爪，兵无所容其刃。夫何故？以其无死地。

今译

人出世为生，入土为死。能够长寿的人，占十分之三；短命夭亡的人，占十分之三；人活着的时候刻意追求长寿，却在走向死亡的，也占十分之三。这是为什么呢？因为他们养生太过奢侈了。

听说那些真正善于养生的人，在陆地上行走不会遇到犀牛和老虎等野兽，进入军队不会碰到兵器为兵器所伤。犀牛在他身上没有地方用角，猛虎在他身上没有地方用爪，兵器在他身上没有地方用刃。这是为什么呢？因为他还没有进入死亡的境地。

五十一章

道生之，德畜之，物形之，势成之。是以万物莫不尊道而贵德。道之尊，德之贵，夫莫之命而常自然。

故道生之，德畜之，长之育之，亭之毒之，养之覆之。生而不有，为而不恃，长而不宰，是谓『玄德』。①

今译

道生成万物，德蓄养万物，万物表现出不同的形态，万物在不同环境中成长起来。所以万物没有不尊重道而珍贵德的。道之所以被尊重，德之所以被珍贵，是因为道和德都没有命令万物而是让万物自然生长。

所以，道生成万物，德蓄养万物，使万物生长发育，使万物成熟结果，让万物得到抚养、保护。生长万物而不据为己有，抚育万物而不自以为功，长养万物而不自以为万物的主宰，这就是“自然之德”。

① “生而不有”四句，饶尚宽译注《老子》，“错简重出于《十章》，应在此章”。

五十二章

天下有始，以为天下母。既得其母，以知其子；既知其子，复守其母。没身不殆。

塞其兑，闭其门，终身不勤；开其兑，济其事，终身不救。

见小曰『明』，守柔曰『强』。用其光，复归其明，无遗身殃，是为『袭常』。

今译

天下万物都有初始，这个初始就是天下万物的本原。知道万物的本原，就能了解万物本身；了解了万物自身，还坚守万物的本原。终身就不会有祸患。

堵上贪欲的孔窍，关闭贪欲的门户，终身不会被劳烦；打开贪欲的孔窍，参与繁杂的世事，终身就不可救药了。

能看到细微叫作“明”，坚守住柔弱叫作“强”。用智慧之光，反照内在的明，不给自己带来祸患，这就是“因循永恒的道”。

五十三章

使我介然有知，行于大道，唯施是畏。

大道甚夷，而人好径。朝甚除，田甚芜，仓甚虚；服文彩，带利剑，厌饮食，财货有余，是为盗夸。非道也哉！

今译

假如我稍微有点知识，走在大道上，唯恐走入邪路。

大道很平坦，而人君喜欢走邪路。宫室很整洁华丽，田地却很荒芜，府库也很空虚；穿着华美的衣服，佩带锋利的宝剑，饱食丰盛的宴席，财物还有剩余，这就是盗贼的首领。这真是无道啊！

五十四章

善建者不拔，善抱者不脱，子孙以祭祀不辍。

修之于身，其德乃真；修之于家，其德乃余；

修之于乡，其德乃长；修之于邦，其德乃丰；

修之于天下，其德乃普。

故以身观身，以家观家，以乡观乡，以邦观邦，

以天下观天下。吾何以知天下之然哉？以此。

今译

善于建立的不可拔除，善于抱持的不会脱离，后世子孙遵守“善建”“善抱”此理，祭祀就会代代不绝。

能够自身坚守这一原则的人，他的道德就淳朴；贯彻于一家，他的道德就充裕；贯彻于一乡，他的道德就盛大；贯彻于一国，他的道德就丰厚；贯彻于整个天下，他的道德就会遍及天下。

所以根据自身的情况观察别人，根据自己家的情况观察别人的家，根据自己所在的乡来观察别的乡，根据自己的国家观察别的国家，根据目前的天下观察将来的天下。我为什么能知道天下是这样的呢？就是依据这一原则。

五十五章

含德之厚，比于赤子。毒虫不螫，猛兽不据，攫鸟不搏。骨弱筋柔而握固，未知牝牡之合而朘作，精之至也。终日号而不嗄，和之至也。知和曰常，知常曰明。益生曰祥，心使气曰强。物壮则老，谓之不道。不道早已。

今译

德行深厚的人，好像刚刚出生的婴儿。毒虫不蜇他，猛兽不抓伤他，猛禽不搏击他。婴儿筋骨柔弱而拳头却握得很牢固，不知道男女阴阳交合的小男孩可以自然勃起，这是精气充足饱满的缘故。婴儿天天哭泣而声音不嘶哑，这是身体和谐到极致的缘故。

知道和气就叫作常，知道常就叫作明。贪生纵欲叫作妖祥，欲望支配和气叫作逞强。

事物气势壮胜的时候就会衰弱，说明它不合于道。不合于道就会早早灭亡。

五十六章

知者不言，言者不知。（塞其兑，闭其门，①）挫其锐，解其纷，和其光，同其尘，②是谓『玄同』。故不可得而亲，不可得而疏，不可得而利，不可得而害；不可得而贵，不可得而贱。故为天下贵。

今译

聪明的人不发号施令，发号施令的人并不聪明。

挫抑它的锋芒，消解它的纠纷，调和它的光芒，使它混同于尘俗，这就是“道的境界”。所以君主不能对百姓过分亲密，不能过分疏远，不能过分让他们得利，不能过分伤害他们；不能过分尊重，不能过分轻贱。所以才能成为天下尊贵的君主。

---

① “塞其兑”两句，参见饶尚宽译注《老子》，“已见于《五十二章》，此处当错简重出，当删”。今译译文见第五十二章。

② “挫其锐”四句，参见饶尚宽译注《老子》，“错简重出于《四章》，当移于此”。

五十七章

以正治国，以奇用兵，以无事取天下。吾何以知其然哉？以此：天下多忌讳，而民弥贫；人多利器，国家滋昏；人多伎巧，奇物滋起；法令滋彰，盗贼多有。

故圣人云：『我无为，而民自化；我好静，而民自正；我无事，而民自富；我无欲，而民自朴。』

今译

用无为的正道治理国家，用出奇诡秘的方法用兵，用无所作为的方法治理天下。我为什么知道是这样呢？是根据这些事情看出来的：天下的禁令越多，百姓就越贫穷；人们懂得权谋越多，国家就越混乱；人们会的奇技淫巧越多，奇怪的东西会越来越多；法令越繁多，盗贼就越多。

所以，圣人说："我无所作为，百姓就会自我教化；我喜欢清静，百姓就自然安定；我不生事端，百姓就会自我富足；我没有欲望，百姓就会自然淳朴。"

五十八章

其政闷闷，其民淳淳；其政察察，其民缺缺。

祸兮，福之所倚；福兮，祸之所伏。孰知其极？其无正也。正复为奇，善复为妖。人之谜，其日固久。

是以圣人方而不割，廉而不刿，直而不肆，光而不耀。

今译

国家的政令质朴，百姓就自然淳朴；国家的政令清明严厉，百姓就狡诈多伪。

灾祸，依傍着福报；福报，就潜藏在祸患里面。谁能知道祸福的最终结果呢？大概没有一个真正的标准。正再变为邪，善再变为恶。人困惑于福祸之间，已经很久很久了。

所以，圣人都是方正而不损害别人，刚强有棱角而不划伤别人，直率而不放肆，光鲜而不炫耀。

五十九章

治人事天，莫若啬。

夫唯啬，是谓早服；早服，谓之重积德；重积德，则无不克；无不克，则莫知其极；莫知其极，可以有国；有国之母，可以长久。是谓深根固柢、长生久视之道。

今译

治国和养生，没有比爱惜精力更重要的。

爱惜精力，乃是早做准备；早做准备，就是不断地积累德行；积累德行，就没有什么不能胜任；没有什么不能胜任，就无法估计他的力量；无法估计他的力量，就可以担负治国的重任；掌握了治理国家的根本，就能够长久地维持国家。这就是所谓的根深蒂固、长久永存的道理。

六十章

治大国，若烹小鲜。

以道莅天下，其鬼不神。非其鬼不神，其神不伤人；非其神不伤人，圣人亦不伤人。夫两不相伤，故德交归焉。

今译

治理大国，如同煎小鱼一样，不可过多地翻动。

用道治理天下，那些鬼神就不灵验了。不仅鬼神不灵验，而且神祇也不会伤害人；不仅神祇不伤害人，圣人也不伤害人。鬼神和圣人都不伤害人，所以德行都回归到百姓身上了。

六十一章

大邦者下流，天下之牝，天下之交也。牝常以静胜牡，以静为下。

故大邦以下小邦，则取小邦；小邦以下大邦，则取大邦。故或下以取，或下而取。大邦不过欲兼畜人，小邦不过欲入事人，夫两者各得所欲。大者宜为下。

今译

大国要居于江河的下游，也就是天下最雌柔的位置，这是天下交汇的地方。雌柔永远以安静胜过雄强，因为它安静且居于下位。

所以大国对小国谦下，就能聚拢起小国；小国若能对大国谦下，就能见容于大国。所以有的大国谦下而聚拢小国，有的小国谦下而见容于大国。大国谦下不过是想兼蓄小国，小国谦下不过是想投靠侍奉大国。双方都得到他们想要的。大国尤其要表现出谦下的态度。

六十二章

道者，万物之奥。善人之宝，不善人之所保。

美言可以市尊，美行可以加人。人之不善，何弃之有？故立天子，置三公，虽有拱璧以先驷马，不如坐进此道。

古之所以贵此道者何？不曰：求以得，有罪以免邪？故为天下贵。

今译

道，是万物的荫蔽。善人珍贵它，不善之人也保有它。

美好的言论可以得到他人的尊敬，美好的行为可以得到他人的重视。人即使不善，有什么理由抛弃道呢？所以，拥立天子，设置三公，即使是行先奉上拱璧、再献上车马的礼仪，不如献上道。

古代之所以重视这个道，是什么原因呢？不就是说：有求就能得到，有罪就会免除吗？所以道才被天下人珍重。

六十三章

为无为，事无事，味无味。

大小多少，（报怨以德。①）图难于其易，为大于其细。天下难事，必作于易；天下大事，必作于细。是以圣人终不为大，故能成其大。

夫轻诺必寡信，多易必多难。是以圣人犹难之，故终无难矣。

今译

用无为的态度去有所作为，用不生事端的方法去做事，把恬淡无味当作味道。

大生于小，多生于少。解决困难的事要从简单之处着手，做大事要从细微之处开始。天下的困难之事，必定从容易之处做起；天下的大事，必定从细微的小事开始做起。所以圣人始终不自以为大，所以才能成就圣人的伟大。

轻率许诺必定会很少守信用，把事情看得太容易必定会遭受很多困难。因此圣人碰到事情之时都把事情看得很困难，所以最终也就没有什么困难了。

---

① “报怨以德”一句，参见饶尚宽译注《老子》，“此句在《七十九章》，这里错简重出，与上下文义无关，当删”。今译译文见七十九章。

六十四章

其安易持，其未兆易谋；其脆易泮，其微易散。

为之于未有，治之于未乱。

合抱之木，生于毫末；九层之台，起于累土；

千里之行，始于足下。

（为者败之，执者失之。是以圣人无为，故无败；无执，故无失。①）

民之从事，常于几成而败之。慎终如始，则无败事。

（是以圣人欲不欲，不贵难得之货；学不学，复众人之所过。以辅万物之自然，而不敢为。②）

今 译

局势安定的时候容易维持局面，事情没有征兆的时候容易谋划；事物脆弱的时候容易分解，事物微小的时候容易散失。要在事物没有发生的时候就去处理它，在局势没有动乱的时候去治理它。

合抱的大树，是从细小的幼苗长成的；九层的高台，是由一堆堆的泥土累积而成的；千里的远行，是从脚下开始的。

百姓做事，经常是在几乎要成功的时候失败。如果做事直到结束的时候都能像一开始那样谨慎，就没有失败的事情了。

---

① “为者败之”六句，参见饶尚宽译注《老子》，“以上数句，均见于《二十九章》，此处错简重出，当删”。今译译文见二十九章。

② “是以圣人欲不欲”六句，参见饶尚宽译注《老子》，“与上文不合，疑为错简，当删”。今译译文从略。

六十五章

古之善为道者，非以明民，将以愚之。

民之难治，以其多智。故以智治国，国之贼；

不以智治国，国之福。

知此两者，亦稽式。常知稽式，是谓『玄德』。

『玄德』深矣，远矣。与物反矣，然后乃至大顺。

今 译

古代善于治理百姓的人，并不是让百姓精明，而是使百姓淳朴。

百姓难以治理，就是因为他们太精明。所以用聪明智巧治理国家，是国家的灾难；不用聪明智巧治理国家，是国家的福气。

认识到这两点的差别，也就是知道了治理国家的法则。永远坚持这个法则，就是顺应“自然之德”。“自然之德”又深又远，与万物回归到质朴的本原，就可以达到完全顺应自然。

六十六章

江海所以能为百谷王者，以其善下之，故能为百谷王。

是以圣人欲上民，必以言下之；欲先民，必以身后之。是以圣人处上而民不重，处前而民不害。是以天下乐推而不厌。以其不争，故天下莫能与之争。

今译

江海之所以能够让百川汇流其中，是因为江海能够善于处在低下的位置，所以才让百川汇流其中。

所以，圣人想要处在百姓之上而统治他们，必须在言语上对百姓示以谦恭的姿态；想要站在百姓之前成为领袖，必须把自己放在百姓之后。因此圣人处于百姓之上而百姓却不感到重压，站在百姓之前而百姓却不感觉到被伤害。所以天下的百姓都乐于推戴圣人而不厌恶他。因为圣人不与他人争抢，所以天下之人都不能和他争抢。

六十七章

（天下皆谓我：『道大，似不肖。』夫唯大，故似不肖。若肖，久矣其细也夫！①）

我有三宝，持而保之：一曰慈，二曰俭，三曰不敢为天下先。慈，故能勇；俭，故能广；不敢为天下先，故能成器长。

今舍慈且勇，舍俭且广，舍后且先，死矣！

夫慈，以战则胜，以守则固。天将救之，以慈卫之。

今译

我有三个宝物，应该持有且保存着它们：第一是慈爱，第二是俭朴，第三是不敢在天下人的前面。慈爱所以勇敢，俭朴所以宽广，不敢在天下人之前，所以能为万物之首。

现在抛弃慈爱只求勇敢，抛弃俭朴只求宽广，抛弃退让只求争先，就会走入死地。

慈爱，用于进攻就会取胜，用于退守就能稳固。天将要救助谁，就会用慈爱保卫他。

① “天下皆谓我”七句，参见饶尚宽译注《老子》，“当为《三十四章》错简，可移至‘故能成其大’之后”。今译译文见三十四章。

六十八章

善为士者，不武；善战者，不怒；善胜敌者，不与；善用人者，为之下。是谓不争之德，是谓用人之力，是谓配天，古之极也。

今 译

善于做士卒统帅的人，不逞自我勇武；善于作战的人，不喜怒形于色；善于战胜敌人的人，不与敌人争斗；善于用人的人，对他人态度谦恭。这就是不与别人争抢的道德，这就是善于使用他人的力量，这就是符合天道，这是古代最高的法则。

六十九章

用兵有言：『吾不敢为主，而为客；不敢进寸，而退尺。』是谓行无行，攘无臂，扔无敌，执无兵。

祸莫大于轻敌，轻敌几丧吾宝。

故抗兵相若，哀者胜矣。

今译

善于用兵的人说：“我不敢主动进攻，而是被动防御；不敢前进一寸，而是后退一尺。”这就是所谓行军的时候虽有阵势却像没有阵势，奋起挥臂的时候却像没有挥起臂膀，面临敌人的时候却像没有敌人，拿着兵器的时候好像没有兵器。

打仗时的灾祸没有比轻视敌人更大的了，轻视敌人几乎让我丧失了我的生命。

所以，敌对的双方势均力敌的时候，悲壮的一方会获得胜利。

七十章

吾言甚易知，甚易行。天下莫能知，莫能行。

言有宗，事有君。夫唯无知，是以不我知。

知我者希，则我者贵。是以圣人被褐而怀玉。

今译

我所说的话很容易明白，也很容易照着去做。天下之人却都不能了解我所说的，也不按我所说的去做。

我所说的话是有宗旨的，我所做的事情是有根据的。正是因为他们不了解我所说所做的事情，所以他们也不了解我。

了解我的人很少，效法我的人更是难能可贵。所以圣人都是穿着粗布衣服而内心却怀有温玉般的美好。

七十一章

知不知，尚矣；不知知，病也。圣人不病，以其病病。夫唯病病，是以不病。

今译

知道自己有不知道的地方，这是最好了；不知道却自认为知道，这就有问题了。圣人身上不存在这个问题，是因为他很清楚“不知道却自认为知道”是不对的。正因为圣人很清楚这样做的问题，所以他们不会有那种“不知道却自认为知道”的行为。

七十二章

民不畏威，则大威至。

无狎其所居，无厌其所生。夫唯不厌，是以不厌。

是以圣人自知不自见，自爱不自贵。故去彼取此。

今译

百姓不害怕威权压制，那么就会有更大的威权来到。

君主不要逼迫得百姓没有居所，也不要压迫得百姓无法生存。只有不压迫百姓的君主，百姓才不会厌恶他。

所以圣人都是有自知之明而不自我炫耀，自我爱惜而不自认高贵。所以君主不应自我炫耀、自认高贵，而要有自知之明，自我爱惜。

七十三章

勇于敢则杀，勇于不敢则活。此两者，或利或害。

天之所恶，孰知其故？（是以圣人犹难之。①）

天之道，不争而善胜，不言而善应，不召而自来，

繟然而善谋。

天网恢恢，疏而不失。

今译

勇于进取就会死，勇于谦让就能活。进取和谦让，一个有利一个有害。上天厌恶其中的一个，谁又知道其中的原因呢？自然的规律，不争抢而获得胜利，不说话而能够得到回应，不主动招徕而能自动到来，坦然舒缓却善于谋划。

自然规律广大无边，很稀疏却不会有遗漏。

---

① “是以圣人犹难之”一句，参见饶尚宽译注《老子》，“此句为《六十三章》错简重出，当删”。今译译文见六十三章。

七十四章

民不畏死，奈何以死惧之？若使民常畏死，而为奇者，吾得执而杀之，孰敢？

常有司杀者杀。夫代司杀者杀，是谓代大匠斲。夫代大匠斲者，希有不伤其手矣。

今译

百姓不畏惧死亡，那么用死亡来恐吓他们又有何用呢？若是真能让百姓总是畏惧死亡，那么我把那些作恶的人抓起来杀掉，谁还敢作恶呢？

天道是主管杀人的。如果由代行天道的人来杀人，就好比代替木匠去砍木头一样。代替木匠砍木头的人，很少有不伤到手的。

七十五章

民之饥，以其上食税之多，是以饥。

民之难治，以其上之有为，是以难治。

民之轻死，以其上求生之厚，是以轻死。

夫唯无以生为者，是贤于贵生。

今译

百姓之所以会有饥荒，是因为居上位者以百姓赋税为食的人太多，所以才会有饥荒。

百姓之所以难以治理，是因为居上位者妄作乱为，所以才难以治理。

百姓之所以轻视他们的生命，是因为居上位者过分追求豪奢养生，所以才置生死于度外。

只有生活恬淡自适的人，才比过于追求豪奢养生的人高明。

七十六章

人之生也柔弱，其死也坚强；草木之生也柔脆，其死也枯槁。故坚强者死之徒，柔弱者生之徒。

是以兵强则灭，木强则折。强大处下，柔弱处上。

今 译

人活着的时候躯体是柔软的，死了的时候躯体就变得僵硬；草木生长的时候是柔韧脆弱的，枯死的时候就变得干硬。所以，坚硬的事物属于死亡一类，柔弱的事物属于生存一类。

所以，当军队变得强大的时候就会败亡，树木成材了就会被砍伐。强大的一方反而居于下位，柔弱的一方反而居于上位。

七十七章

天之道，其犹张功与？高者抑之，下者举之；有余者损之，不足者补之。

天之道，损有余而补不足；人之道则不然，损不足以奉有余。

孰能有余以奉天下？唯有道者。

是以圣人为而不恃，功成而不处，其不欲见贤。

今译

自然的规律，大概就像拉开弓弦吧？高的时候就压低它，低的时候就抬高它；弓弦太长就减短一点，弓弦不够长的时候就加长一些。

自然的规律，是减少多余的而用来弥补不足的；人世间的规律则不是这样，是减少不足的而用来供养有余的。

谁能够用多余的来供养天下呢？只有有道之人。

所以有道之人有所为却不自持有能力，有所成就却不居功自傲，他不想表现出自己的贤德才能。

七十八章

天下莫柔弱于水，而攻坚强者莫之能胜，以其无以易之。

弱之胜强，柔之胜刚，天下莫不知，莫能行。

是以圣人云：『受国之垢，是谓社稷主；受国不祥，是为天下王。』正言若反。

今 译

天下没有比水更柔弱的了，但是用来攻击坚强的东西没有哪个能胜过水，因为水是不能取代的。

弱小能胜过强大，柔软能胜过刚强，天下人没有不知道这个道理的，只是不能够运用。

所以圣人才说：“承担起一国的屈辱，才能成为一国的君主；承担起天下的灾难，才能成为天下的君王。”这些正面的话听起来却像反话一样。

七十九章

和大怨，必有余怨，报怨以德，①安可以为善？

是以圣人执左契，而不责于人。有德司契，无德司彻。

天道无亲，常与善人。

今译

调和大的怨恨，必定会留下残余的怨恨。用德来回应怨恨，怎么能够算是善行呢？

所以圣人都是拿着借据，而不向别人讨还。有德的人就像拿着借据的人那样宽大，无德的人就像主管税收的人那样苛刻。

自然的规律是没有偏爱的，常会帮助善良的人。

---

①“报怨以德”一句，参见饶尚宽译注《老子》，“本为《六十三章》错简，当移于此”。

八十章

小国寡民。使有什伯之器而不用，使民重死而不远徙。虽有舟舆，无所乘之；虽有甲兵，无所陈之。使民复结绳而用之。

甘其食，美其服，安其居，乐其俗。邻国相望，鸡犬之声相闻，民至老死，不相往来。

今译

国家小，百姓少。即使有各种器物也不使用，让百姓重视死亡而不向远处迁徙。即使有船和车，也没有乘坐的必要；即使有武器铠甲，也没有陈设布阵的必要。让百姓再回归到结绳记事的时代。

让百姓自认吃得甜美，穿得华美，住得安乐，过得习惯。邻国之间可以举目相望，鸡鸣狗吠之声可以互相听到，百姓直到老死，也不互相往来。

八十一章

信言不美，美言不信。

善者不辩，辩者不善。

知者不博，博者不知。

圣人不积，既以为人，己愈有；既以与人，己愈多。

天之道，利而不害；圣人之道，为而不争。

今译

真实的话语不华美，华美的语言不真实。

善良的人不善辩，能言善辩的人不善良。

有智慧的人不博大，博大的人没有智慧。

圣人不积累财富，而是尽力帮助别人，自己也会更富有；尽力给予别人，自己拥有的也会更多。

自然的规律，是使万物获得利益而不伤害它们；圣人的法则，是帮助别人而不与人争抢。

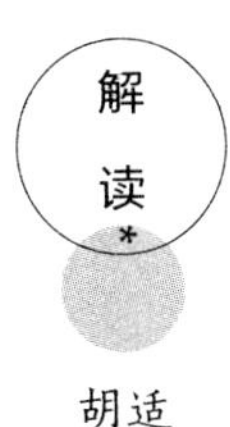

解读*

胡适

一、老子传略

老子的事迹，已不可考。据《史记》所说，老子是楚国人（《礼记·曾子问·正义》引《史记》作陈国人），名耳，字聃，姓李氏（今本《史记》作“姓李氏，名耳，字伯阳，谥曰聃”，乃是后人据《列仙传》妄改的。《索隐》云：“许慎云，聃，耳曼也。故名耳，字聃。有本字伯阳，非正也。老子号伯阳父，此传不称也。”王念孙《读书杂志》三之四引《索隐》此节，又，《经典释文序录》、《文选注》、《后汉书·桓帝纪》注，并引《史记》云老子字聃。可证今本《史记》所说是后人伪造的。后人所以要说老子字伯阳父者，因为周幽王时有个太史伯阳，后人要合两人为一人，说老子曾做幽王的官，当孔

* 以下正文内容出自胡适《中国哲学史大纲》第三篇《老子篇》，参考中华书局 2018 年版。——编者注

子生时，他已活了二百五十岁了)。他曾做周室“守藏室之史”。《史记·孔子世家》和《老子列传》，孔子曾见过老子。这事不知在于何年，但据《史记》，孔子与南宫敬叔同适周。又据《左传》，孟僖子将死，命孟懿子与南宫敬叔从孔子学礼(昭公七年)。孟僖子死于昭公二十四年二月。清人阎若璩因《礼记·曾子问》孔子曰“昔吾从老聃助葬于巷党，及堩，日有食之。”遂推算昭公二十四年夏五月乙未朔巳时，日食，恰入食限。阎氏因断定孔子适周见老子在昭公二十四年，当孔子三十四岁(《四书释地续》)。这话很像可信，但还有可疑之处：一则曾子问是否可信；二则南宫敬叔死了父亲，不到三个月，是否可同孔子适周；三则《曾子问》所说日食，即便可信，难保不是昭公三十一年的日食。但无论如何，孔子适周，总在他三十四岁以后，当西历纪元前518年以后。大概孔子见老子在三十四岁(西历前518年，日食)与四十一岁(定五年，西历前511年，日食)之间。老子比孔子至多不过大二十岁，老子当生于周灵王初年，当西历前570年左右。

老子死时，不知在于何时。《庄子·养生主》篇明记老聃之死。《庄子》这一段文字决非后人所能假造的，可见古人并无老子“入关仙去”、“莫知所终”的神话，《史记》中老子活了“百有六十余岁”、“二百余岁”的话，大概也是后人加入的。老子即享高寿，至多不过活了九十多岁罢了。

上文说老子“名耳，字聃，姓李氏”，何以又称老子呢？依我看来，那些“生而皓首，故称老子”的话，固不足信(此出《神仙

传》，谢无量《中国哲学史》用之）；“以其年老，故号其书为《老子》”（《高士传》）也不足信。我以为“老子”之称，大概不出两种解说：（一）“老”或是字。《春秋》时人往往把“字”用在“名”的前面，例如叔梁（字）纥（名），孔父（字）嘉（名），正（字）考父（名），孟明（字）视（名），孟施（字）舍（名），皆是。《左传》文十一年、襄十年《正义》都说：“古人连言名字者，皆先字后名。”或者老子本名聃，字耳，一字老（《老训寿考》，古多用为名字者，如《檀弓》晋有张老，《楚语》楚有史老）。古人名字同举，先说字而后说名，故战国时的书皆称老聃（王念孙《春秋名字解诂》及《读书杂志》俱依《索隐》说，据《说文》：“聃，耳曼也。”《释名》耳字聃之意。今按朱骏声《说文通训定声》聃字下引汉《老子铭》云：“聃然，老旄之貌也。”又《礼记·曾子问》注：“老聃古寿考者之号也。”是聃亦有寿考之意，故名聃，字老。非必因其寿考而后称之也）。此与人称叔梁纥、正考父，都不举其姓氏，正同一例。又古人的“字”下可加“子”字、“父”字等字，例如孔子弟子冉求字有，可称“有子”（哀十一年《左传》），故后人又称“老子”。这是一种说法。（二）“老”或是姓。古代有氏姓的区别。寻常的小百姓，各依所从来为姓，故称“百姓”、“万姓”。贵族于姓之外，还有氏，如以国为氏、以官为氏之类。老子虽不曾做大官，或者源出于人族，故姓老而氏李，后人不懂古代氏族制度，把氏姓两事混作一事，故说“姓某氏”，其实这三字是错的。老子姓老，故人称老聃，也称老子。这也可备一说。这两种解说，都可通，但我们现今没有

凭据，不能必定那一说是的。

二、老子考

今所传老子的书分上下两篇，共八十一章。这书原本是一种杂记体的书，没有结构组织。今本所分篇章，决非原本所有。其中有许多极无道理的分断（如二十章首句“绝学无忧”当属十九章之末，与“见素抱朴，少私寡欲”两句为同等的排句）。读者当删去某章某章等字，合成不分章的书，然后自己去寻一个段落分断出来（元人吴澄作《道德真经注》，合八十一章为六十八章。中如合十七、十八、十九为一章，三十、三十一为一章，六十三、六十四为一章，六十七、六十八、六十九为一章，皆极有理，远胜河上公本）。又，此书中有许多重复的话和许多无理插入的话，大概不免有后人妄加妄改的所在。今日最通行的刻本，有世德堂的河上公章句本，华亭张氏的王弼注本，读者须参看王念孙、俞樾、孙诒让诸家校语（章太炎极推崇《朝非子·解老》、《喻老》两篇。其实这两篇所说，虽偶有好的，大半多浅陋之言。如解“攘臂而仍之”,“生之徒十有三”,“带利剑”等句，皆极无道理。但这两篇所据《老子》，像是古本，可供我们校勘参考）。

三、革命家之老子

上篇[1]说老子以前的时势，和那种时势所发生的思潮。老子亲见那种时势，又受了那些思潮的影响，故他的思想，完全是那个时代的产儿，完全是那个时代的反动。看他对于当时政治的评判道：

民之饥，以其上食税之多，是以饥。民之难治，以其上之有为，是以难治。民之轻死，以其求生之厚，是以轻死。

民不畏死，奈何以死惧之？若使民常畏死，而为奇者吾得执而杀之，孰敢？

天下多忌讳，而民弥贫；民多利器，国家滋昏；人多伎巧，奇物滋起；法令滋彰，盗贼多有。

天之道损有余而补不足。人之道则不然：损不足以奉有余。

这四段都是很激烈的议论。读者试把《伐檀》、《硕鼠》两篇诗记在心里，便知老子所说“人之道损不足以奉有余”和“民之饥，以其上食税之多，是以饥”的话，乃是当时社会的实在情形。更回想《苕之华》诗“知我如此，不如无生”的话，便知老子所说“民不畏死”，“民之轻死，以其求生之厚，是以轻死”的话，也是当时的实在情形。人谁不求生？到了“知我如此，不如无生”的时候，

[1] 指胡适《中国哲学史大纲》第二篇《中国哲学发生的时代》。——编者注

束手安分也是死，造反作乱也是死，自然轻死，自然不畏死了。

还有老子反对有为的政治，主张无为无事的政治，也是当时政治的反动。凡是主张无为的政治哲学，都是干涉政策的反动。因为政府用干涉政策，却又没干涉的本领，越干涉越弄糟了，故挑起一种反动，主张放任无为。欧洲18世纪的经济学者政治学者，多主张放任主义，正为当时的政府实在太腐败无能，不配干涉人民的活动。老子的无为主义，依我看来，也是因为当时的政府不配有为，偏要有为；不配干涉，偏要干涉，所以弄得“天下多忌讳，而民弥贫；民多利器，国家滋昏；法令滋彰，盗贼多有”。上篇[1]所引《瞻卬》诗说的：“人有土田，汝反有之；人有民人，汝覆夺之；此宜无罪，女反收之；彼宜有罪，汝覆说之。”那种虐政的效果，可使百姓人人有“匪鹑匪鸢，翰飞戾天；匪鳣匪鲔，潜逃于渊”的感想（老子尤恨当时的兵祸连年，故书中屡攻击武力政策。如“师之所处荆棘生焉，大军之后必有凶年”，“兵者不祥之器”，“天下无道，戎马生于郊”皆是）。故老子说：“民之难治，以其上之有为，是以难治。”

老子对于那种时势，发生激烈的反响，创为一种革命的政治哲学。他说：

大道废，有仁义；智慧出，有大伪；六亲不和，有孝慈；国家

[1] 指胡适《中国哲学史大纲》第二篇《中国哲学发生的时代》。——编者注

昏乱，有忠臣。

所以他主张：

绝圣弃智，民利百倍；绝仁弃义，民复孝慈；绝巧弃利，盗贼无有！

这是极端的破坏主义。他对于国家政治，便主张极端的放任。他说：

治大国若烹小鲜（河上公注：烹小鱼不去肠，不去鳞，不敢挠，恐其糜也）。

又说：

我无为而民自化，我好静而民自正，我无事而民自富，我无欲而民自朴。其政闷闷，其民醇醇；其政察察，其民缺缺。

又说：

太上，下知有之。其次，亲而誉之。其次，畏之。其次，侮之。信不足，焉有不信（焉，乃也）。犹兮其贵言（贵言，不轻易其言也。

所谓“行不言之教”是也），**功成事遂，百姓皆谓我自然。**

老子理想中的政治，是极端的放任无为，要使功成事遂，百姓还以为全是自然应该如此，不说是君主之功。故“太上，下知有之”，是说政府完全放任无为，百姓的心里只觉得有个政府的存在罢了；实际上是“天高皇帝远”，有政府和无政府一样。“下知有之”，《永乐大典》本及吴澄本皆作“不知有之”；日本本作“下不知有之”，说此意更进一层，更明显了。

我述老子的哲学，先说他的政治学说。我的意思要人知道哲学思想不是悬空发生的。有些人说，哲学起于人类惊疑之念，以为人类目睹宇宙间万物的变化生灭，惊欢疑怪，要想寻出一个满意的解释，故产生哲学。这话未必尽然。人类的惊疑心可以产生迷信与宗教，但未必能产生哲学。人类见日月运行，雷电风雨，自然生惊疑心。但他一转念，便说日有日神，月有月神，雷有雷公，电有电母，天有天帝，病有病魔；于是他的惊疑心，便有了满意的解释，用不着哲学思想了。即如希腊古代的宇宙论，又何尝是惊疑的结果？那时代欧亚非三洲古国，如埃及、巴比伦、犹太等国的宗教观念和科学思想，与希腊古代的神话宗教相接触，自然起一番冲突，故发生“宇宙万物的本源究竟是什么”的问题。并不是泰尔史（Thales）的惊奇心忽然劈空提出这个哲学问题的。在中国的一方面，最初的哲学思想，全是当时社会政治的现状所唤起的反动。社会的阶级秩序已破坏混乱了，政治的组织不但不能救补维持，并且呈现同样的腐

败纷乱。当时的有心人，目睹这种现状，要想寻一个补救的方法，于是有老子的政治思想。但是老子若单有一种革命的政治学说，也还算不得根本上的解决，也还算不得哲学。老子观察政治社会的状态，从根本上着想，要求一个根本的解决，遂为中国哲学的始祖。他的政治上的主张，也只是他的根本观念的应用。如今说他的根本观念是什么。

四、老子论天道

老子哲学的根本观念是他的天道观念。老子以前的天道观念，都把天看作一个有意志、有知识，能喜能怒、能作威作福的主宰。试看《诗经》中说“有命自天，命此文王”（《大明》）；又屡说“帝谓文王”（《皇矣》），是天有意志。“天监在下”，“上帝临汝”（《大明》）；“皇矣上帝，临下有赫，临观四方，求民之莫”（《皇矣》），是天有知识。“有皇上帝，伊谁云憎？”（《正月》），“敬天之怒，无敢戏豫；敬天之渝，无敢驰驱”（《板》），是天能喜怒。“昊天不佣，降此鞠凶；昊天不惠，降此大戾”（《节南山》）；“天降丧乱，降此蟊贼”（《桑柔》）；“天降丧乱，饥馑荐臻”（《云汉》），是天能作威作福。

老子生在那种纷争大乱的时代，眼见杀人、破家、灭国等等惨祸，以为若有一个有意志知觉的天帝，决不致有这种惨祸。万物相争相杀，人类相争相杀，便是天道无知的证据。故老子说：

天地不仁，以万物为刍狗。

这仁字有两种说法：第一，仁是慈爱的意思。这是最明白的解说。王弼说："地不为兽生刍而兽食刍，不为人生狗而人食狗。无为于万物，而万物各适其所用。"这是把不仁作无有恩意解。第二，仁即是"人"的意思。《中庸》说："仁者，人也"；《孟子》说："仁也者，人也"；刘熙《释名》说："人，仁也；仁，生物也"；不仁便是说不是人，不和人同类。古代把天看作有意志、有知识、能喜怒的主宰，是把天看作人同类，这叫做天人同类说（Anthropomorphism）。老子的"天地不仁"说，似乎也含有天地不与人同性的意思。人性之中，以慈爱为最普通，故说天地不与人同类，即是说天地无有恩意。老子这一个观念，打破古代天人同类的谬说，立下后来自然哲学的基础。

打破古代的天人同类说，是老子的天道观念的消极一方面。再看他的积极的天道论：

有物混成，先天地生，寂兮寥兮，独立而不改，周行而不殆，可以为天下母。吾不知其名，字之曰道，强为之名曰大。

老子的最大功劳，在于超出天地万物之外，别假设一个"道"。这个道的性质，是无声、无形；有单独不变的存在，又周行天地万

物之中；生于天地万物之先，又却是天地万物的本源。这个道的作用，是：

大道氾兮，其可左右。万物恃之而生而不辞，功成不名有，衣养万物而不为主。

道的作用，并不是有意志的作用，只是一个“自然”。自是自己，然是如此，“自然”只是自己如此（谢著《中国哲学史》云：“自然者，究极之谓也。”不成话）。老子说：

道常无为而无不为。

道的作用，只是万物自己的作用，故说“道常无为”。但万物所以能成万物，又只是一个道，故说“而无不为”。

五、论无

老子是最先发见“道”的人。这个“道”本是一个抽象的观念，太微妙了，不容易说得明白。老子又从具体的方面着想，于是想到一个“无”字，觉得这个“无”的性质、作用，处处和这个“道”最相像。老子说：

三十辐，共一毂，当其无，有车之用。埏埴以为器，当其无，有器之用。凿户牖以为室，当其无，有室之用。故有之以为利，无之以为用。

无即是虚空。上文所举的三个例，一是那车轮中央的空洞，二是器皿的空处，三是窗洞门洞和房屋里的空处。车轮若无中间的圆洞，便不能转动；器皿若无空处，便不能装物事；门户若没有空洞，便不能出入；房屋里若没有空处，便不能容人。这个大虚空，无形、无声；整个的不可分断，却又无所不在；一切万有若没有他，便没有用处。这几项性质，正合上文所说“寂兮寥兮，独立而不改，周行而不殆，可以为天下母”的形容。所以老子所说的“无”与“道”简直是一样的。所以他既说：

道生一，一生二，二生三，三生万物。

一方面又说：

天地万物生于有，有生于无。

道与无同是万物的母，可见道即是无，无即是道。大概哲学观念初起的时代，名词不完备，故说理不能周密。试看老子说“吾无以名之”，“强名之”，可见他用名词的困难。他提出了一个“道”

的观念，当此名词不完备的时代，形容不出这个“道”究竟是怎样一个物事，故用那空空洞洞的虚空，来说那无为而无不为的道。却不知道“无”是对于有的名词，所指的是那无形体的空间，如何可以代表那无为而无不为的“道”？只因为老子把道与无看作一物，故他的哲学都受这种观念的影响（庄子便不如此。老庄的根本区别在此）。

老子说：“天地万物生于有，有生于无。”且看他怎样说这无中生有的道理。老子说：

视之不见名曰夷，听之不闻名曰希，搏之不得名曰微。此三者不可致诘，故混而为一。其上不皦，其下不昧。绳绳不可名，复归于无物。是谓无状之状，无物之象，是谓惚恍。

又说：

道之为物，惟恍惟惚。惚兮恍兮，其中有象。恍兮惚兮，其中有物。

这也可见老子寻相当名词的困难。老子既说道是“无”，这里又说道不是“无”。乃是“有”与“无”之间的一种情境。虽然看不见，听不着，摸不到，但不是完全没有形状的。不过我们不能形容他，又叫不出他的名称，只得说他是“无物”；只好称他做“无状之状，

无物之象”；只好称他做“恍惚”。这个“恍惚”，先是“无状之状，无物之象”，故说“惚兮恍兮，其中有象。”后来忽然从无物之象变为有物，故说“恍兮惚兮，其中有物”。这便是“天地万物生于有，有生于无”的历史。

六、名与无名

中国古代哲学的一个重要问题，就是名实之争。老子是最初提出这个问题的人。他说：

惚兮恍兮，其中有象。恍兮惚兮，其中有物。窈兮冥兮，其中有精，其精甚真，其中有信。自古及今，其名不去，以阅（王弼本原作说。今刊本作阅，乃后人所改）众甫。吾何以知众甫之然（王本今作状，原本似作然）哉？以此。

这一段论名的原起与名的功用。既有了法象，然后有物。有物之后，于是发生知识的问题。人所以能知物，只为每物有一些精纯的物德，最足代表那物的本性（《说文》：“精，择也。”择其特异之物德，故谓之精。真字古训诚，训天，训身，能代表此物的特性，故谓之真），即所谓“其中有精，其精甚真，其中有信”。这些物德，如雪的寒与白，如人的形体官能，都是极可靠的知识上的信物。故说“其中有信”（《说文》：“信，诚也。”又古谓符节为信）。这些信

物都包括在那物的“名”里面。如说“人”便可代表人的一切表德；说“雪”，便可代表雪的一切德性。个体的事物尽管生死存灭，那事物的类名，却永远存在。人生人死，而“人”名常在；雪落雪消，而“雪”名永存。故说“自古及今，其名不去，以阅众甫”。众甫即是万物。又说：“吾何以知众甫之然哉？以此。”此字指“名”。我们所以能知万物，多靠名的作用。

老子虽深知名的用处，但他又极力崇拜“无名”。名是知识的利器，老子是主张绝圣弃智的，故主张废名。他说：

道可道，非常道（俞樾说常通尚；尚，上也）。**名可名，非常名。无名，天地之始。有名，万物之母。故常无，欲以观其妙；常有，欲以观其徼。**（常无常有，作一顿。旧读两欲字为顿，乃是错的。）

老子以为万有生于无，故把无看得比有重。上文所说万物未生时，是一种“绳绳不可名”的混沌状态。故说“无名天地之始”。后来有象有信，然后可立名字，故说“有名万物之母”。因为无名先于有名，故说可道的道，不是上道；可名的名，不是上名。老子又常说“无名之朴”的好处。无名之朴，即是那个绳绳不可名的混沌状态。老子说：

道常（常，尚也）**无名朴。**（五字为句。朴字旧连下读，似乎

错了。）**虽小，天下不敢臣。侯王若能守之，万物将自宾。天地相合以降甘露**（此八字既失韵，又不合老子哲学。疑系后人加入的话）。**民莫之令而自均。始制有名，名亦既有，夫亦将知之**（王弼今本之作止。下句同。今依河上公本改正。之止古文相似，易误）。**知之所以不治。**（王弼本所作可，治字各本皆作殆。适按王弼注云："始制官长，不可不立名分以定尊卑，故始制有名也。过此以往，将争锥刀之末，故曰名亦既有，夫亦将知止也。遂任名以号物，则失治之母也。故知止所以不殆也。"细看此注，可见王弼原本作"夫亦将知之，知之所以不治"；若作知止，则注中所引叔向谏子产的话，全无意思。注中又说"任名则失治之母"，可证殆本作治。注末殆字同。后世妄人因下文四十四章有"知止不殆"的话，遂把此章也改成"知止可以不殆"。又乱改王注知之为知止，所以不治为所以不始，却忘了"失治之母"的治字，可以作证。不但注语全文可作铁证也。）

这是说最高的道是那无名朴。后来制有名字（王弼训始制为"朴散始为官长之时"，似乎太深了一层），知识遂渐渐发达，民智日多，作伪行恶的本领也更大了。大乱的根源，即在于此。老子说：

古之为治者，非以明民，将以愚之。民之难治，以其智多。故以智治国，国之贼。不以智治国，国之福。

"民之难治，以其智多"，即是上文"夫亦将知之，知之所以不治"的注脚。

老子何以如此反对知识呢？大概他推想当时社会国家种种罪恶的根原，都由于多欲。文明程度越高，知识越复杂，情欲也越发展。他说：

> 五色令人目盲，五音令人耳聋，五味令人口爽，驰骋田猎令人心发狂，难得之货令人行妨。

这是攻击我们现在所谓文明文化。他又说：

> 天下皆知美之为美，斯恶已。皆知善之为善，斯不善已。故有无相生，难易相成；长短相较，高下相倾；音声相和，前后相随。是以圣人处无为之事，行不言之教。……不尚贤，使民不争。不贵难得之货，使民不为盗。不见（读现）可欲，使民心不乱。是以圣人之治，虚其心，实其腹；弱其志，强其骨，常使民无知无欲。

这一段是老子政治哲学的根据。老子以为一切善恶、美丑、贤不肖，都是对待的名词。正如长短、高下、前后等等。无长便无短，无前便无后，无美便无丑，无善便无恶，无贤便无不肖。故人知美是美的，便有丑的了；知善是善的，便有恶的了；知贤是贤的，

便有不肖的了。平常那些赏善罚恶，尊贤去不肖，都不是根本的解决。根本的救济方法须把善恶美丑贤不肖一切对待的名词都销灭了，复归于无名之朴的混沌时代，须要常使民无知无欲。无知，自然无欲了。无欲，自然没有一切罪恶了。前面所引的“大道废，有仁义；智慧出，有大伪；六亲不和，有孝慈；国家昏乱，有忠臣”和“绝圣弃智，绝仁弃义，绝巧弃利”，也都是这个道理。他又说：

道常无为而无不为。侯王若能守之，万物将自化。化而欲作（欲是名词，谓情欲也），吾将镇之以无名之朴。无名之朴，夫亦将无欲。不欲以静，天下将自定。

老子所处的时势，正是“化而欲作”之时。故他要用无名之朴来镇压。所以他理想中的至治之国，是一种

小国寡民，使有什伯人之器而不用（什是十倍，伯是百倍。文明进步，用机械之力代人工。一车可载千斤，一船可装几千人。这多是什伯人之器。下文所说“虽有舟舆，无所乘之；虽有甲兵，无所陈之”，正释这一句）。使民重死而不远徙。虽有舟舆，无所乘之。虽有甲兵，无所陈之。使民复结绳而用之。甘其食，美其服，安其居，乐其俗。邻国相望，鸡狗之声相闻，民至老死不相往来。

这是“无名”一个观念的实际应用。这种学说，要想把一切交通的利器、守卫的甲兵、代人工的机械、行远传久的文字……等等制度文物，全行毁除。要使人类依旧回到那无知无欲老死不相往来的乌托邦。

七、无为

本篇第三节说老子对于社会政治有两种学说：一是毁坏一切文物制度；一是主张极端放任无为的政策。第一说的根据，上节已说过。如今且说他的无为主义。他把天道看作“无为而无不为”，以为天地万物，都有一个独立而不变、周行而不殆的道理，用不着有什么神道作主宰，更用不着人力去造作安排。老子的“天道”，就是西洋哲学的自然法（Law of Nature 或译“性法”，非）。日月星的运行，动植物的生老死，都有自然法的支配适合。凡深信自然法绝对有效的人，往往容易走到极端的放任主义。如 18 世纪的英法经济学者，又如斯宾塞（Herbert Spencer）的政治学说，都以为既有了“无为而无不为”的天道，何必要政府来干涉人民的举动？老子也是如此。他说：

天之道，不争而善胜，不言而善应，不召而自来，绰然而善谋。天网恢恢，疏而不失。

这是说“自然法”的森严。又说：

常有司杀者杀。夫代司杀者杀，是谓代大匠斫。夫代大匠斫者，希有不伤其手者矣。

这个“司杀者”，便是天，便是天道。违背了天道，扰乱了自然的秩序，自有“天然法”来处置他，不用社会和政府的干涉。若用人力去赏善罚恶，便是替天行道，便是“代司杀者杀”。这种代刽子手杀人的事，正如替大匠斫木头，不但无益于事，并且往往闹出乱子来。所以说：“民之难治，以其上之有为，是以难治。”所以又说：“天下多忌讳而民弥贫，……法令滋彰，盗贼多有。”所以他主张一切放任，一切无为。“损之又损，以至于无为，无为而无不为。”

八、人生哲学

老子的人生哲学（旧称伦理学，殊未当）和他的政治哲学相同，也只是要人无知无欲。详细的节目是“见素抱朴，少私寡欲，绝学无忧”。他说：

众人熙熙，如享太牢，如登春台。我独泊兮其未兆，如婴儿之

未孩。儽儽兮若无所归。众人皆有余，而我独若遗。我愚人之心也哉！沌沌兮，俗人昭昭，我独昏昏；俗人察察，我独闷闷。澹兮其若海，飂兮若无止。众人皆有以，而我独顽似鄙。我独异于人而贵食母。

别人都想要昭昭察察的知识，他却要那昏昏闷闷的愚人之心。此段所说的“贵食母”，即是前所引的“虚其心，实其腹”。老子别处又说“圣人为腹不为目”，也是此意。老子只要人肚子吃得饱饱的，做一个无思无虑的愚人；不愿人做有学问知识的文明人。这种观念，也是时势的反动。《隰有苌楚》的诗人说：

隰有苌楚，猗傩其枝。夭之沃沃，乐子之无知！

老子的意思，正与此相同。知识愈高，欲望愈难满足，又眼见许多不合意的事，心生无限烦恼，倒不如无知的草木，无思虑的初民，反可以混混沌沌，自寻乐趣。老子常劝人知足。他说：

知足不辱，知止不殆，可以长久。……罪莫大于可欲（孙诒让按，《韩诗外传》引可欲作多欲），祸莫大于不知足，咎莫大于欲得。故知足之足常足矣。

但是知足不是容易做到的。知识越开，越不能知足。故若要知

足，除非毁除一切知识。

老子的人生哲学，还有一个重要观念，叫做“不争主义”。他说：

江海所以能为百谷王者，以善下之，故能为百谷王。……以其不争，故天下莫能与之争。

曲则全，枉则直，洼则盈。……夫唯不争，故天下莫与之争。

上善若水，水利万物而不争。处众人之所恶，故几于道。

天下柔弱莫过于水，而攻坚强者莫之能胜。其无以易之。弱之胜强，柔之胜刚，天下莫不知，莫能行。

这种学说，也是时势的反动。那个时代是一个兵祸连年的时代。小国不能自保，大国又争霸权不肯相下。老子生于这个时代，深知武力的竞争，以暴御暴，只有更烈，决没有止境。只有消极的软工夫，可以抵抗强暴。狂风吹不断柳丝，齿落而舌长存，又如最柔弱的水可以冲开山石，凿成江河。人类交际，也是如此，汤之于葛，太王之于狄人，都是用柔道取胜。楚庄王不能奈何那肉袒出迎的郑伯，也是这个道理。老子时的小国，如宋，如郑，处列强之间，全靠柔道取胜。故老子提出这个不争主义，要人知道柔弱能胜刚强；要人知道“夫唯不争，故天下莫与之争”。他教人莫要“为天下先”，又教人“报怨以德”。他要小国下大国，大国下小国。他说暂时吃亏忍辱，并不害事。要知“物或损之而益，或

益之而损。……强梁者不得其死”。这句话含有他的天道观念。他深信“自然法”的“天网恢恢，疏而不失”，故一切听其自然。物或损之而益，或益之而损，都是天道之自然。宇宙之间，自有“司杀者杀”，故强梁的总不得好死。我们尽可逆来顺受，且看天道的自然因果罢。

老子

(约前571年—约前470年)

道家学派创始人，后被尊为道教始祖

江湖称号：太上老君

“高智商宅男”老子

不出户，知天下；不阙牖，见天道。其出弥远，其知弥少。

老子

有物混成，先天地生。寂兮寥兮，独立而不改，周行而不殆，可以为天地母。吾不知其名，强字之曰“道”，强为之名曰“大”。大曰“逝”，逝曰“远”，远曰“反”。故道大，天大，地大，人亦大。域中有四大，而人居其一焉。人法地，地法天，天法道，道法自然。

胡适：老子最大的功劳，在于超出天地万物之外，别假设一个“道”。这个道的性质，是无声、无形；有单独不变的存在，又周行天地万物之中；生于天地万物之先，又却是天地万物的本源。道的作用，并不只是有意志的作用，只是一个“自然”。自是自己，然是如此，“自然”只是自己如此。

胡适

在那样早的时代（公元前六世纪）发展出来一种自然主义的宇宙观，是一件真正有革命性的大事。

《道德经》的“X档案”

跨世奇书，中华民族的哲理代表

《道德经》的主要受众其实不是平民百姓，它其实是一本教执政者如何管理天下的帝王书，但如果你以为老子就只有这点本事就“too young too naive”了，《道德经》的内在能量是时隔千年依然深不可测的。

不读《老子》一书，就不知中国文化，不知人生真谛。

——鲁迅

《道德经》是一部政治哲学著作，又是一部兵书。

——郭沫若

老子思想的集大成——《道德经》，像一个永不枯竭的井泉，满载宝藏，放下汲桶，唾手可得。

——尼采

做人应该像老子所说的如水一般。没有障碍，它向前流去；遇到堤坝，停下来；堤坝出了缺口，再向前流去。容器是方的，它成方形；容器是圆的，它成圆形。因此它比一切都重要，比一切都强。

——托尔斯泰

奥勒留

（121年—180年）

斯多葛派哲学“优秀毕业生”，后任罗马帝国皇帝

江湖称号：哲人王

“不入世国王”奥勒留

过一种独居自返的生活。

《沉思录》的“X档案”

世界之书，一部穿越2000多年，专治焦虑不安的治愈书

《沉思录》本是玛克斯·奥勒留的私人札记，是用来每日三省吾身的，不是为了写给别人看的。

《沉思录》有一种不可思议的魅力，它甜美、忧郁和高贵。这部黄金之书以庄严不屈的精神负起做人的重荷，直接帮助人们去过更加美好的生活。

——费迪曼

1992年，我问克林顿，除了《圣经》，哪本书对他影响最大。他略微沉思了一下，回答说：“玛克斯·奥勒留的《沉思录》。”

——盖瑞·威尔斯

《沉思录》不是属于某个宗教的，而是所有宗教的人都可以领略到这本书背后的灵性的层面。

——梁文道

玛克斯·奥勒留使人有这么一种朴实的信仰：面对宇宙自然，一颗高贵的道德良心，是任何种族、国家，是任何革命、任何迁流、任何发现都不能改变的。

——雷朗

奥勒留

我按照自然之道进行，等到有一天我便要倒下去，作长久的休息，把最后的一口气吐向我天天所从吸气的空中去，倒在父亲所从获得谷类，母亲所从获得血液，乳妈所从获得乳汁的大地上：那大地这许多年来给我以饮食；那大地任我践踏在脚底下，任我随意作各种的使用。

梁实秋：奥勒留并不努力建立哲学体系，所以在《沉思录》里我们也不必寻求一套完整的哲学。他不是在作哲学的探讨，他是在反省，他是在表现一种道德的热诚，但是其中警句极多。奥勒留经常谈到死。他教人对死坦然视之，这是自然之道。凡是自然皆是对的。

梁实秋

奥勒留和我们隔有十八个世纪之久，但是因为他的诚挚严肃的呼声，开卷辄觉其音容宛在，栩栩如生……一个苦修的哲学家是一个最可爱的人，至于他曾经做过皇帝一事，那倒是无关紧要了。